Helmuth von Moltke

Reden des Abgeordneten Grafen v. Moltke

Helmuth von Moltke

Reden des Abgeordneten Grafen v. Moltke

ISBN/EAN: 9783744650298

Hergestellt in Europa, USA, Kanada, Australien, Japan

Cover: Foto ©ninafisch / pixelio.de

Weitere Bücher finden Sie auf **www.hansebooks.com**

Reden

des

Abgeordneten

Grafen v. Moltke.

1867—1878.

Berlin 1879.
Ernst Siegfried Mittler und Sohn
Königliche Hofbuchhandlung
Kochstraße 69. 70.

Inhalt.

	Seite
Einleitung	5
1) Zur Debatte über den Nord-Ostseekanal	10
2) Zum Post- und Eisenbahnwesen	15
3) Zur Befestigung von Köln und Straßburg	21
4) Einzelne militärische Angelegenheiten:	
a. Kriegs- und Naturalleistungen	24
b. Deutsche Okkupationstruppen in Frankreich	26
c. Exemption der Offiziere von den Kommunalsteuern	31
d. Ueber Arreststrafen	43
5) Zur Deutschen Heeresverfassung überhaupt	46
6) Zum Sozialistengesetz	80

Am 24. Februar 1867 eröffnete König Wilhelm die erste parlamentarische Versammlung Deutschlands; „eine Versammlung, wie sie", so heißt es in der Thronrede, „seit Jahrhunderten keinem deutschen Fürsten zur Seite gestanden hatte." Der beispiellos glückliche Feldzug des Jahres 1866 hatte es ermöglicht, auf den Trümmern des alten deutschen Bundes ein neues deutsches Staatswesen aufzurichten, welches wenigstens dem größeren Theile der Nation die so lange und so sehnsuchtsvoll erstrebte Einheit gewährte und gleichzeitig die Garantie auf eine weitere zukunftsreiche, die gesammte Nation umfassende staatliche Organisation in sich trug. Es erschien wie eine dankbare Huldigung der Nation, daß in diesen ersten Reichstag eine Anzahl der bewährtesten Generale gewählt wurde, deren Führung die glücklichen Resultate des Krieges in erster Linie zu danken waren. Daß unter diesen der Chef des Generalstabs, General v. Moltke nicht fehlen durfte, verstand sich von selbst. Drei verschiedene Wahlkreise (Memel=Heydekrug, Fürstenthum Bitterfeld=Delitzsch), gaben ihm ihre Stimmen. Von allen Generalen hat Moltke allein dem deutschen Parlamente ununterbrochen bis auf diesen Tag angehört und soweit er nicht im Felde war, wie 1870/71, wenige Sitzungen desselben versäumt. Er hat es verstanden, sich eine angesehene Stellung im Reichstage zu geben. Kaum Einer ist unter den Abgeordneten, der es in dem Maße vermag, das Haus zur angestrengtesten Aufmerksamkeit zu gewinnen. In dem Moment, wo Moltke im Reichstage als Redner auftritt, ändert sich die Physiognomie des Hauses wie mit einem Zauberschlage; tiefe

Stille lagert sich über den ganzen Saal, von allen Seiten drängt man sich nach dem Platze, von dem er spricht, um keines seiner Worte zu verlieren. Gegner wie Verehrer lauschen mit gleicher Angestrengtheit seinen Ausführungen, deren Gewicht sich niemand zu entziehen vermag. Was er vorbringt, ist von so eminenter Sachlichkeit, so ganz und gar auf den in Betracht kommenden Gegenstand berechnet, von so durchsichtiger, jedes Mißverständniß ausschließender Klarheit, dabei so einfach und edel in der Form, daß es des Eindrucks nie verfehlt und den Gegner stets belehrt und ihm zu denken giebt, auch wenn es seine Ansicht nicht besiegt. Nie haben sich an Moltke's Reden jene von Bitterkeit und Malice überströmenden persönlichen Bemerkungen geschlossen, an denen unser parlamentarisches Leben vielfach krankt. Was er sagt, gilt stets der Sache; der vornehmen Gehaltenheit seines Wesens liegt nichts ferner, als eine absprechende Kritik von Personen. Moltke darf den seltenen Ruhm in Anspruch nehmen, nur über solche Dinge geredet zu haben, die er vollauf versteht. Kein Zweifel, daß ein Mann von einer solchen Schärfe des Verstandes und einer so reichen Fülle des Wissens sich vollaus gereifte und jedenfalls höchst beachtenswerthe Ansichten auch über Fragen gebildet hat, die nicht unmittelbar zu seinem Berufe gehören. Er hat es indessen, mit der einzigen Ausnahme einer Rede über das erste Sozialistengesetz, vermieden, von anderen Dingen zu reden, als solchen, die sich auf Militärisches bezogen. Dennoch kann man nicht sagen, daß er eben nur der technisch-militärische Rathgeber des Hauses bei einschlagenden Fragen gewesen wäre. An seine bezüglichen Ausführungen knüpfen sich vielfach Aperçus über innere und äußere politische Fragen, die nie verfehlt haben, einen bedeutenden Eindruck zu machen und den General als einen Staatsmann erscheinen lassen, der über die höchsten Ziele des Staatswesens sich Klarheit zu verschaffen bemüht gewesen ist. Daß Moltke als ein Mann von entschieden konservativer unweigerlich regierungstreuer Gesinnung erscheint, kann nicht Wunder nehmen. Nichts aber deutet darauf hin, daß er jener, wenigstens früher in der Armee vertretenen Richtung angehört hat, die alles Verfassungswesen nur als einen vorübergehenden Nothbehelf ansieht, mit welchem im Interesse eines straffen Absolutismus über kurz oder lang ein Ende gemacht werden müsse. Da er die Pflichten eines Abgeordneten der Nation übernommen hatte, dachte er wohl über seine Stellung zu hoch, um solchen Velleitäten einen Platz in seinen Anschauungen zu gewähren. Moltke hat nicht gerade oft das Wort ergriffen, seine Reden sind, wie er sich selbst ausdrückt, nicht zahlreich und jedenfalls nicht lang. Er hat im Ganzen 28 Mal, in den zwölf Jahren, die er dem Parlamente angehört, das Wort genommen. Was aber seinen Reden an Ausdehnung abgeht, das wächst ihnen reichlich an Gewicht und innerem Werth zu, und wohl verdienen sie es, daß sie den allenfalls nur von dem Historiker oder Politiker von Fach nachgeschlagenen stenographischen Berichten entnommen und der Nation zugänglich gemacht werden. Oft sind es nur kurze Bemerkungen, fast regelmäßig aber sind sie für die Frage, die gerade behandelt wird, von einem bleibenden Werthe. Diese kürzeren Aeußerungen, soweit sie sich gesondert und nicht im Anschluß und als Ergänzung einer größeren Rede anführen lassen, beziehen sich vorwiegend auf militärisch-technische Detailfragen und zwar wesentlich im Interesse der Landesvertheidigung und Wehrfähigkeit. Dahin gehören in erster Linie die Ausführungen über den Nord-Ostseekanal, durch welche Moltke die etwas exzentrischen Hoffnungen, die man an das Werk knüpfte, in heilsamer Weise herabstimmte und dadurch die Nation vor der unnützen Verausgabung vieler Millionen bewahrte. — Von nicht minder großem Interesse sind seine Ausführungen über das Eisenbahnwesen und über die Verwendung und Ausnützung der Eisenbahnen zu Kriegszeiten; war doch Moltke der erste unter den Feldherren der Neuzeit, der die Bedeutung dieses wichtigen Faktors in seinem ganzen Umfange nicht bloß anerkannte, sondern auch in praktischer Weise verwerthete. Die deutsche Armee ist die erste, die eine technisch ausgebildete Eisenbahntruppe besitzt. Es ist nicht unbemerkt geblieben, daß bei den großen Revuen vor dem Kaiser sich

Moltke an die Spitze jener Truppe stellt und sie dem erlauchten Kriegsherrn vorführt. Wo die Gelegenheit sich bot, ist Moltke bei den einschlagenden Fragen eingetreten, sei es durch rückhaltslose Anerkennung der enormen Leistungen der Eisenbahn= und Postbeamten im letzten Kriege, sei es da, wo es sich um speziell technische Fragen oder um Anlagen neuer Bahnen handelte. — Wir schließen daran die interessanten Bemerkungen, zu denen er anläßlich der Frage über den Umbau der Festungen speziell in Bezug auf Köln und Straßburg Veranlassung nahm. —

Von fast ausschließlich technischem und eng begrenztem Interesse sind die gelegentlichen Aeußerungen bei Berathung der Gesetzentwürfe über die Kriegs= und Naturalleistungen, bezüglich der Berücksichtigung der elsaß=lothringischen Soldaten, die im französischen Dienste gestanden hatten, bei der Pensionirung und betreffs der Verpflegung der deutschen Okkupationstruppen in Frankreich. An diese letzte Erörterung schließen wir angemessen die außerordentlich schwungvolle und wirksame Rede, die Moltke über die Verwendung der Ersparnisse der Okkupationstruppen in Frankreich gehalten hat. Wir kommen hiermit auf das Gebiet der größeren Reden, an deren Spitze wir, um vom Besonderen zum Allgemeinen aufzusteigen, die beiden militärische Sonderfragen betreffenden Reden über die Exemption der Offiziere von den Kommunalsteuern und über die Arreststrafen bei dem Militär=Strafgesetzbuch stellen. Ueber die Bedeutung der Reden, die Moltke bei der Berathung der Gesetzentwürfe über die Umbildung des preußischen Kriegswesens in ein deutsches und dessen Ausbau hielt, bedarf es keines Wortes. Diese Reden sprechen für sich selbst; sie erheben sich weit über den Kreis ihrer jeweiligen parlamentarischen Wirksamkeit; sie gehören der Geschichte an, und, nicht bloß vom Standpunkte des Militärs, sondern auch des Staatsmannes gehalten, werden sie unvergessen bleiben, so lange von deutschem Heer und Volk, deren eigenartiger Gestaltung und Bildung in Bezug auf die Entwickelung unserer inneren und auswärtigen Politik die Rede ist. —

In dieser Zeit aber, wo wir uns dem Ende des auf sieben

Jahre vereinbarten Provisoriums über die Friedens-Präsenzstärke unserer Armee mit starken Schritten nähern, dürfen die betreffenden Aeußerungen des Mannes, der in diesen Dingen das berufenste und gewichtigste Urtheil abzugeben im Stande ist, ein ganz besonders hervorragendes Interesse in Anspruch nehmen.

An den Schluß der Reihe stellen wir die Rede über das erste Sozialistengesetz; sie ist die letzte, die Moltke bis jetzt im deutschen Reichstage gehalten hat, die einzige, die, wie bereits erwähnt, keinerlei Beziehungen auf militärische Dinge enthält, darum aber nicht minder bedeutsam, die Aeußerung eines weitschauenden Politikers, eines für das Wohl des Vaterlandes bekümmerten Patrioten, der die unermeßlichen Gefahren, welche mit jener brennendsten aller aktuellen Fragen zusammenhingen, nur zu richtig würdigte.

1. Nord-Ostseekanal.

(Sitzungen vom 17. Juni 1868 und 23. Juni 1873 anläßlich der Berathung des Marine-Etats.)

Es wäre gewiß sehr wünschenswerth, daß wir noch mehr Häfen hätten, es ist auch danach gesucht worden; ich will aber doch bemerken, daß der Hafen im Jasmunder Bobben inklusive der Festungswerke auf einige 30 Millionen zu stehen kommt; ich glaube im Gegentheil, daß wir zu lange nach Häfen gesucht haben, die so kostspielig sind, daß für die Flotte, die sie schützen soll, nichts übrig bleibt. In Bezug auf den Kanal möchte ich eine thatsächliche Angabe machen. Ich zweifle nicht, daß der sogenannte Königshafen ganz gut sein mag, obwohl die Einfahrt eine schwierige ist, es fehlt aber die Verbindung von Romöe nach dem Kontinent und es müßte da ein außerordentlich kostspieliger Bau vorgenommen werden, um diese Verbindung herzustellen, denn Ebbe und Fluth gehen täglich viermal über die Watten weg. Was den Kanal von Flensburg betrifft, so ist mir die eigenthümliche Gestaltung des Terrains ebenfalls aufgefallen, als wir im Jahre 1864 in Schleswig waren. Ich habe dasselbe näher untersucht. Der Höhenrücken der Halbinsel zieht ganz nahe an der Ostküste hin und fällt steil zum Flensburger Hafen ab. Von der Flensburger Bucht aus steigt ein Thal aufwärts und in der Entfernung von nur 1500 Schritt liegen schon die Quellen der nach der Nordsee abfließenden Bäche.

Es liegt also nahe, zu vermuthen, daß hier in der allergünstigsten Richtung für die Schifffahrt ein Kanal herzustellen sein könnte. Ich habe diese Höhen mittelst Theodoliten in zwei Richtungen nivelliren lassen und zwar durch einen zuverlässigen Ingenieur-Geographen; es ergab sich aber, daß die Höhe der niedrigsten Stelle 121 Fuß beträgt. Ich muß dabei bemerken, daß auf der Höhe ein Wasser zur Speisung des Kanals nicht vorhanden ist. Außerdem würde ein Kanal, mit Schleusen gebaut, wieder die Schifffahrt hemmen. Sie müssen Sich also einen Graben vorstellen, der 120+32 Fuß tief und oben 600 Fuß breit sein würde. Einen solchen Graben auch nur auf die Entfernung von ein paar Tausend Schritt zu führen, würde kostspielig, aber möglich sein; das Schlimme ist aber, daß das Terrain von der Höhe nach der Nordsee hin sich so allmälig abflacht, daß auf eine Entfernung von zwei Meilen der Kanal immer noch 91+32 Fuß Tiefe haben müßte. Dieser Kanal würde daher viel theurer werden, als der andere auf 30 Millionen veranschlagte, der noch den Vortheil hat, daß er aus dem befestigten Kieler Hafen nach dem jedenfalls zu befestigenden Hafen an der unteren Elbe führt. Das Projekt, den Kanal von Flensburg auszuführen, halte ich für unausführbar.

(Sitzung am 23. Juni 1873.)

Meine Herren, ich werde die Diskussion nicht lange aufhalten, aber ich glaube, daß es doch nützlich sein kann, die sehr großen Erwartungen, die an die Ausführung des Nord-Ostseekanals geknüpft werden, einigermaßen auf ein richtiges Maß zurückzuführen. Ich thue es nicht gern, weil es ein Unternehmen ist, welches gerade einen militärischen Nutzen haben soll. Ich habe selbst schon im Jahre 1865 verschiedene Linien damals von Flensburg aus durch das Land nivelliren lassen. Abgesehen von den überaus großen Schwierigkeiten, die sich dabei herausstellten, waren diese Linien alle zu verwerfen, nachdem nicht mehr im Alser Sund, sondern in der Kieler Bucht unser Kriegshafen begründet worden war. Es ist dann regierungsseitig eine Linie bearbeitet worden, die schon früher von dem dänischen Ingenieur Christensen als die zweckmäßigste und vielleicht einzig ausführbare bezeichnet war. In einer vortrefflichen Denkschrift des Herrn Regierungs-Oberbaurath Lenze sind die Verhältnisse dargelegt und der Kostenanschlag auf 28 Millionen berechnet. Die Linie geht von St. Margarethen an der Unterelbe nach Eckernförde. Wenn aber der Kanal einen militärischen Nutzen haben soll, so muß er auch aus sehr nahe liegenden Gründen in die Kieler Bucht hineinführen, und gerade dort, zwischen Rendsburg und Holtenau, stellen sich erhebliche Terrainschwierigkeiten entgegen. Der Herr Baurath Lenze berechnet die Mehrkosten auf 10 Millionen. Das sind 38 Millionen, veranschlagt vor acht Jahren. Wir wissen, wie seitdem die Preise aller Materialien und insbesondere auch der Arbeitslohn gestiegen ist, und das tritt hier besonders in Betracht, wo es sich um eine Erdbewegung von 14 Millionen Schachtruthen handelt. Sie würden also den Kanal heute sicherlich nicht unter 50 oder 60 Millionen herstellen können. Nun, meine Herren, daß man die Zinsen dieser Summe nicht herausarbeiten wird, das glaube ich, ist außer Zweifel, und es würde nun in Betracht treten der Nutzen, welcher mit so großen Opfern für Schifffahrt und Handel und in militärischer Rücksicht erreicht werden könnte. Man schätzt die Zahl der Schiffe, die den Oeresund passiren, jährlich auf 40 000 und glaubt, daß wenigstens der größere Theil davon den Kanal passiren wird.

In Ausfall kommen zunächst natürlich alle Schiffe, die nach Norwegen, und diejenigen, die nördlich einer Linie fahren, welche man etwa aus der Mitte der Ostsee nach Hull gezogen sich denken kann. Denn diese Schiffe würden einen Umweg machen, um den Kanal zu passiren, sie würden dadurch Zeit verlieren, und Zeit ist Geld, namentlich bei Dampfschiffen. Wir müssen dann ferner Rücksicht nehmen auf die klimatischen Verhältnisse. In unserem Norden ist der Kanal mindestens 100 Tage zugefroren, ohnehin hört ja in der Ostsee im Winter die Schifffahrt auf, es bleibt also für den Verkehr nur das längere Sommerhalbjahr. In diesem aber fällt für den Kanalverkehr der Hochsommer ebenfalls aus, denn dann sind keine großen Stürme und keine anhaltenden Nebel zu erwarten, und die Schiffe werden, um die Kanalkosten, die jedenfalls nicht gering sein können, zu ersparen, den alten Kurs durch das Kattegat nehmen.

Der Verkehr beschränkt sich also eigentlich wohl auf die beiden Aequinoktialzeiten. Dann dürfte allerdings eine große Zahl, vielleicht eine zu große, den Kanal passiren. Der Kanal soll 31 Fuß unter dem Niveau beider Meere in einer Horizontale von einem Meere zu dem anderen führen. Nun sind die Wasserstände in beiden Meeren oft sehr verschieden. Ein starker Westwind staut bekanntlich die Wasser der Elbe auf, und es ist nichts Ungewöhnliches, daß sie sich 12 Fuß über den mittleren Stand erheben. Derselbe Wind treibt das Wasser aus der Kieler Bucht heraus, und es giebt dort Differenzen von 8 Fuß. Es kann also eintreten, daß 16 bis 20 Fuß Unterschiede im Wasserstand eintreten. Das würde eine Strömung erzeugen, die nicht allein die Schifffahrt sehr hemmt, sondern auch zu kostspieligen Uferbauten führen würde. Eine Schleuse wenigstens ist an der westlichen Ausmündung unentbehrlich.

Nun erfordert das Durchschleusen eines großen Schiffes 1½ Stunden, von kleineren Schiffen können allerdings mehrere gleichzeitig durchgelassen werden. Wenn also Hunderte von Schiffen vor der Schleuse liegen sollten, so würde die ersparte Zeit leicht wieder verloren gehen.

Nun frage ich aber, meine Herren, für wen bauen wir eigentlich diesen Kanal? Ich kann mich darin irren, aber ich glaube, unsere Ostseestädte handeln nach Skandinavien und nach Rußland, unsere Nordseestädte nach England, nach Amerika u. s. w. Ein großer Schiffsverkehr, selbst wenn der Kanal hergestellt ist, zwischen Danzig und Bremen oder Stettin und Hamburg, würde doch wohl kaum stattfinden. Wir bauen vielmehr den Kanal für Schweden und Rußland, für Amerika, Frankreich u. s. w. Nun kann man sagen, in diesem Falle würden diese Staaten sich auch an den Kosten der Anlage betheiligen. Vielleicht! meine Herren, aber dann würde dieser Kanal ein internationaler, es würde dann aber auch der ganze militärische Nutzen verloren gehen, denn im Kriege würden wir den neutralen Kanal gar nicht benutzen können, während wir noch im letzten Kriege sehr bedeutende Versendungen nach der Jade bewirkt, selbst kleinere Kriegsschiffe durch den schon vorhandenen Eiderkanal übergeführt haben. Ob der schon vorhandene Kanal mit außerordentlich viel geringerer Summe sich nicht in besseren Zustand wird versetzen lassen, das will ich dahin gestellt sein lassen.

Was nun den militärischen Nutzen betrifft, so ist behauptet worden, daß wir durch den Kanal die Möglichkeit gewönnen, die Flotte von einem Meer in das andere zu bringen, also in dem einen Meere doppelt so stark aufzutreten. Meine Herren, ganz richtig ist das auch nicht. Zunächst können wir in beiden Meeren engagirt sein. In einem Kriege mit Frankreich, dem Dänemark beiträte, können wir die Ostseeflotte in der Ostsee nicht entbehren. Allerdings könnten wir unter Umständen die Schiffe der Ostseeflotte in der Nordsee verwerthen; aber ich glaube, Schiffe wie den „Prinz Friedrich Karl" und den „König Wilhelm" können wir in der Ostsee gar nicht brauchen.

Ich fasse meine Ausführungen in dem einen Satz zusammen: wenn wir geneigt sind, für maritime militärische Zwecke eine Summe von 40 bis 50 Millionen Thaler auszugeben, dann würde ich Ihnen vorschlagen, statt eines Kanals für die Flotte eine zweite Flotte zu bauen.

2. Post- und Eisenbahnwesen.

Erste Berathung des Gesetzentwurfs, betreffend die Verwendung des Ueberschusses aus der Verwaltung der französischen Landesposten durch die deutsche Reichs-Postverwaltung während des Krieges 1870/71 zu Gunsten der betreffenden Beamten.

(Sitzung vom 3. Juni 1872.)

Der Abgeordnete Reichensperger hat erwähnt, daß nicht bloß die Postbeamten, sondern auch andere Beamte während des Feldzuges sich sehr verdienstlich gemacht hätten. Ich trete dem vollkommen bei. Meine Herren, ich möchte gern diese Gelegenheit ergreifen, um auszusprechen, wie auch die Eisenbahnbeamten sich durch die allergrößte Aufopferung und Pflichttreue ausgezeichnet haben. Wenn die Eisenbahnen im Felde den allerdings sehr großen Ansprüchen, welche die militärische Führung an sie stellte, nicht durchaus entsprechen konnten, so hat es nicht an den Beamten gelegen. Ich glaube, daß vielleicht in der Organisation des Betriebes im Felde sich manches wird verbessern lassen; die Pflichttreue und der Eifer der Beamten aber hat nichts zu wünschen übrig gelassen. Nun kann doch aber das Verdienst der Eisenbahnbeamten nicht das Verdienst der Postbeamten schmälern, und ich werde mit großer Freude und unbedenklich für die Vorlage stimmen.

Zweite Berathung des Nachtrags-Etats pro 1871, bezüglich des Nachtrags zum Post-Etat, zu welchem eine Resolution, betreffend die allmälige Aufhebung der Offizier-Postmeisterstellen, vorliegt, gegen die sich Moltke erklärte. Doch wurde die Resolution angenommen.

(Sitzung vom 19. Mai 1871.)

Es ist von dem Herrn Vorredner besonders Gewicht auf die Examina gelegt worden; ich glaube, daß jemand ein brillantes Postexamen gemacht haben und doch ein schlechter Postbeamter werden kann. Dazu gehören gewisse persönliche Eigenschaften, große Pünktlichkeit, Pflichttreue und Fleiß, und das sind Eigenschaften, zu denen doch im Allgemeinen der Militärdienst heranzieht. Das sehen wir an der großen Nachfrage nach gedienten Militärs für die allerverschiedensten Thätigkeiten. Jeder Militär, der pensionirt wird, hat den Wunsch, wieder in eine nützliche Wirksamkeit zu treten, und eine solche gewährt ihm die Post. Ich glaube, daß der Herr General-Postmeister Mittel genug hat, zu verhindern, daß nicht qualifizirte Subjekte in Poststellen einrücken. Ich bitte, die Resolution abzulehnen.

Zweite Berathung des Gesetzes über die Kriegsleistungen, insonderheit die Inanspruchnahme der Eisenbahnen.

(Sitzung vom 19. Mai 1871.)

Ich wollte nur bemerken, daß die Militärbehörde das allergrößte Interesse hat, daß die Bahnen betriebsfähig bleiben, und daß man ihnen auf keinen Fall dasjenige Material wegnehmen wird, welches zur Fortsetzung des Betriebes durchaus nöthig ist.

Zweite Berathung des Gesetzentwurfs, betreffend den außerordentlichen Geldbedarf für die Reichseisenbahnen in Elsaß-Lothringen zu welchem ein Amendement eingebracht war, das noch 550 000 Thaler Kosten für den Bau einer Eisenbahn von St. Louis bis zur Rheinhütte einschließlich der Hälfte der Kosten für eine feste Rheinbrücke und der nöthigen fortifikatorischen Anlagen verlangt.

(Sitzung vom 6. Juni 1872.)

Ich wollte nur mit wenigen Worten die militärische Seite der Frage beleuchten. Wir sind davon abgegangen, Schwierigkeiten zu erheben bei den großen Stromübergängen durch Forderung fortifikatorischer Anlagen und dergleichen. Es genügt, daß die Uebergänge zerstört werden können, und das ist bei stehenden Brücken jedesmal der Fall, wenn sie zur Sprengung eingerichtet werden. Gegen eine Schiffsbrücke müßten wir protestiren; Schiffsbrücken bieten dem Feinde eine sehr gute Gelegenheit zum Schlagen von Pontonbrücken, es sind die Rampen vorhanden, die an das Flußufer herunterführen und dadurch die Sache sehr erleichtern. Vom Standpunkte der Landesvertheidigung sind beide Brücken uns willkommen, aber nicht in gleichem Maße. Die von St. Louis liegt auf der Bahn, welche, von Ulm nach Augsburg kommend, auf kurzer Strecke die Schweiz berührt und so für den Kriegsfall für uns vollkommen unbrauchbar ist. Fehlt es also an Mitteln und an personellen Kräften, beide Bauten zugleich auszuführen, so ziehen wir bei weitem die Bahn über Alt-Breisach vor. Ich werde mich aber sehr gerne der von einem der Herren Vorredner vorgeschlagenen Resolution anschließen, denn meiner Meinung nach handelt es sich nur um die Priorität, welche Bahn zuerst ausgeführt werden soll.

Zweite Berathung des Gesetzentwurfs, betreffend den außerordentlichen Geldbedarf der Reichseisenbahnen in Elsaß-Lothringen, mit einem Antrag Schmidt über die Wiederaufnahme der Linie Lauterburg—Straßburg in die Vorlage, welche die Kommission gestrichen hatte. Nachdem Moltke entschieden für den Antrag eingetreten, wird die Vorlage in der ursprünglichen Form wiederhergestellt.

(Sitzung vom 6. Juni 1873.)

Meine Herren! Ich möchte Ihnen das von dem Abgeordneten Schmidt gestellte Amendement empfehlen. Ein Blick auf die Eisenbahnkarte zeigt, daß wir von Straßburg aus drei Eisenbahnlinien in Richtung auf Westen und Süden haben, was für die Vertheidigung gerade von Süddeutschland von großem Werthe ist. Wir können aber diesen Vortheil nicht ausnützen, so lange wir nur zwei Linien haben, die nach Straßburg führen. Es ist von einem der Herren Vorredner als eine Art Luxus bezeichnet, daß die Militärverwaltung lieber auf drei Linien als auf zwei fahren will. Meine Herren, eine durchgehende Linie mehr ergiebt einen Unterschied von zwei Tagen in der Versammlung der Armee und ermöglicht daher auch einen ebenso viel früheren Beginn der Operation, und was das zu bedeuten hat, darüber brauche ich nach den gemachten Erfahrungen kein Wort zu verlieren. Eine solche dritte Linie würde nun die Lauterburglinie sein, denn ihre Vervollständigung nach rückwärts bis Germersheim ist gesichert. Die Mehrheit Ihrer Kommission ist der Ansicht gewesen, daß diese Linie nicht aus Reichsmitteln gebaut werden solle, weil die Linie verspricht, eine lukrative zu sein und daher von Privaten doch gebaut werden wird. Wenn Sie die Linie Lauterburg den Privaten überweisen, so verzichten Sie auf einen Ertrag für das Reich und wenden den Vortheil einer Privatgesellschaft zu. Schließlich aber werden doch die Ausfälle in den Erträgen des Reiches bezahlt oder getragen werden müssen durch die Einzelstaaten, welche die Matrikularbeiträge aufzubringen haben. Sie verzichten aber nicht allein auf einen Vortheil für das Reich, sondern Sie fügen ihm auch Schaden zu. Denn offenbar wird die kürzere Linie über Lauterburg der längeren westlichen Linie eine sehr erhebliche Konkurrenz machen. Man hat gesagt, es sei nicht die Aufgabe des Reiches, bloß rentable Bahnen zu bauen. Gewiß nicht, meine Herren, aber wenn man vom Staate fordert, daß er die Bahnen bauen soll, die kein anderer will, weil sie keinen Ertrag liefern, so ist das doch kein Grund, ihn auszuschließen vom Bau von Bahnen, die Ertrag geben.

Man hat nun gesagt, um den Nachtheil der Konkurrenz zu vermeiden: man könne ja den Privaten die Konzession eine Zeit lang vorenthalten. Diese Maßregel, meine Herren, ein an sich nützliches Unternehmen auf unbestimmte Zeit zu verhindern, würde sich gewiß nicht empfehlen. Wenn ich aber auch annehme, daß eine Privatgesellschaft die Lauterburger Bahn baut, daß sie sie bald in Angriff nimmt und schnell fördert, so würde dessen ungeachtet das militärische Interesse nicht vollständig befriedigt sein. Meine Herren, wenn wir in die Lage kommen sollten, die Armee nach Westen zu versammeln, so wird Straßburg als ein Hauptknotenpunkt von Eisenbahnen von ganz besonderer Wichtigkeit sein. Sie wissen, daß man bereits beschäftigt ist, einen großen Centralbahnhof in Straßburg einzurichten. Es würde in dem bezeichneten Falle eine ungemein große Zahl von Militär-Transportzügen über diesen Bahnhof zu führen, ein großer Theil auf dem Bahnhof selbst zu debarkiren sein. Die Züge folgen Stunde auf Stunde; bevor der nächste Zug ankommt, muß die Bahn von dem vorangegangenen geräumt sein. Es drängt sich auf eine kurze Zeit eine ganz ungemeine Thätigkeit auf einem solchen Bahnhof zusammen, die strengste Ordnung ist nöthig, und es ist klar, wie wünschenswerth es ist, daß alle Anordnungen auf dem Bahnhofe in eine Hand gelegt seien.

Wenn nun aber eine Privatgesellschaft von Lauterburg baut, so werden Sie zwei Bahnverwaltungen auf dem Straßburger Bahnhof haben, und das ist gewiß nicht wünschenswerth. Ich empfehle Ihnen angelegentlich, zu genehmigen, daß die Lauterburger Bahn ebenfalls aus Reichsmitteln erbaut werde.

3. Zur Befestigung von Köln und Straßburg.

Erste Lesung des Gesetzentwurfs über die Geldmittel zur Umgestaltung deutscher Festungen, der unter Anderem bestimmt, daß die Festungen Spandau und Köln die Kosten der Stadterweiterung tragen sollen. Der Abgeordnete Reichensperger (Krefeld) spricht sich dagegen aus und befürwortet die Erhaltung der mittelalterlichen Thorthürme in Köln.

(Sitzung vom 27. März 1873.)

Auf die ausführliche und scharfsinnige Rede des Herrn Vorredners möchte ich nur ein paar Worte bemerken. Die Sache liegt nach meiner Ansicht sehr einfach.

Das militärische Interesse erfordert die Verstärkung des Platzes Köln. Wir bewirken dies durch Verlegung von vorgeschobenen Werken, woraus der Stadt Köln der nicht unerhebliche Vortheil erwächst, daß ein Bombardement, wenn nicht ganz unmöglich gemacht, doch wesentlich erschwert werden wird. Ein militärisches Interesse, die Stadtenceinte zu erweitern, liegt nicht vor, diese Erweiterung liegt lediglich im bringendsten Interesse der Stadt. Wer innerhalb der Stadt davon Vortheil hat, das ist eine andere Frage. Es könnte nun diese Erweiterung erfolgen, indem man — ich will sagen 6 Millionen mehr auf die Rechnung gesetzt hätte; wer hätte das aber aufbringen müssen? Die Gesammtheit der Steuerzahler, also die sehr große Zahl derer, die gar kein Interesse an dieser Erweiterung haben kann. Es scheint mir daher doch auch durchaus billig, daß eben die Stadt selbst einen Beitrag giebt.

Was die schönen alten Thorthürme anbetrifft, so waren sie in dem gegenwärtigen Zustande von Köln ein offenbarer militärischer Nachtheil, sie indizirten dem Feinde die Punkte, von wo aus Ausfälle kommen können, wo stets die lebhafteste Passage ist und wogegen sich sein Feuer richten konnte. Dieser Nachtheil würde wegfallen, wenn die Stadtenceinte von Köln vorgerückt wird, und dann würden, glaube ich, die schönen Denkmale ohne Nachtheil fortbestehen können.

Interpellation von Guerber über den Vertrag mit Straß= burg wegen Erwerbung der durch die Hinausschiebung der Umwallung entbehrlich werdenden Grundstücke.

(Sitzung vom 7. Februar 1876.)

Der Herr Interpellant hat gemeint, daß ich eine Anfrage an die Stadt Straßburg gestellt hätte, ob sie eine Erweiterung wünscht. So wenigstens habe ich verstanden. Ich habe dazu niemals den Auftrag gehabt. Bei meiner Anwesenheit in Straß= burg habe ich allerdings mich erkundigt, nach welcher Seite eine Erweiterung der Stadt wünschenswerth sein könnte.

Der Herr Interpellant hat das militärische Interesse voran= gestellt. Meine Herren, auch uns ist es erwünscht, innerhalb der Festung eine wohlgebaute Stadt mit breiten Straßen zu haben, statt einer eng zusammengedrängten; aber ein bringendes militärisches Interesse für die Erweiterung der Stadtenceinte liegt durchaus nicht vor, nachdem wir die detachirten Forts fertig haben. Diese Erweiterung ist lediglich im Interesse der Stadt, oder wenigstens vorzugsweise.

Der Herr Vorredner hat gemeint, daß die Stadt nach der allerunzweckmäßigsten Seite erweitert werden soll. Meine Herren, die Stadt kann gegen Osten, wo die Citadelle liegt, nicht erweitert werden; gegen Süden liegt die Inundation und sumpfiges Terrain, dahin wird sie auch nicht erweitert werden. So viel ich weiß, wird sie gegen Westen und Norden, nach Contades zu, geöffnet, also nach der besten Gegend hin, in welcher die Erweiterung stattfinden kann. Es haben ja auch andere Städte bedeutende Summen gezahlt, damit sie Bauplätze gewinnen, zuletzt z. B. Stettin.

Meine Herren, eine Stadt wie Straßburg, nach alledem, was für sie geschehen ist und was für sie zu thun beabsichtigt wird — die Gründung der Universität, die Leitung von Kanälen, die Führung der Eisenbahn, — nach alledem läßt sich mit Bestimmtheit vermuthen, daß diese alte deutsche Stadt einen großen Aufschwung erfahren wird, sobald sie nur Raum erhält, sich zu erweitern.

4. Einzelne militärische Angelegenheiten.

a. Kriegs- und Naturalleistungen etc.

Zweite Berathung des Gesetzes über die Kriegsleistungen. Zu § 8 (Vergütung für Naturalquartier und Stallung) beantragt die Kommission einen Zusatz, welcher solche Vergütung auch gewährt für Truppentheile, die auf Märschen und Kantonnirungen auf mehr als einen Tag Quartier in Anspruch nehmen und zwar im halben Betrage der für den Friedenszustand geltenden Sätze. Moltke erklärt sich gegen diesen Zusatz, der indessen angenommen wird.

(Sitzung vom 12. Mai 1873.)

Bei Märschen und Kantonnements kommt es in der That weniger darauf an, was die Militärbehörde fordert, als darauf, was die betreffende Kommune überhaupt noch zu leisten vermag. Es wird in vielen Fällen der Quartiergeber seinen Mann vollständig verpflegen, es wird aber auch sehr oft beim besten Willen die Leistung in nichts weiter bestehen können, als daß eine leere Scheuer eingeräumt wird. In dem einen Falle würde die halbe Entschädigung zu viel, in dem anderen würde sie zu wenig sein, und es ist unmöglich, den rechten Maßstab zu treffen, nicht angänglich, zu quittiren über das, was wirklich geleistet worden ist. Ich besorge, Sie werden durch die veränderte Fassung nachträglich eine sehr große Zahl von unbegründeten

Ansprüchen hervorrufen. Wenn ein Landestheil mehr als alle übrigen durch Märsche und Kantonnements leidet, so meine ich, daß — wenigstens nach einem glücklichen Kriege — diesem Landestheile eine gewisse Summe überwiesen werden wird, und man es der Verwaltung überlassen muß, dieselbe gerecht zu vertheilen. Es wird von allen Seiten gewiß gewünscht, dieses Gesetz zu Stande zu bringen, und ich möchte dringend empfehlen, in diesem Punkte bei der Vorlage der Regierung stehen zu bleiben.

Zweite Berathung des Gesetzentwurfs über Naturalleistungen für die bewaffnete Macht, zu § 11, wo nach einem Antrage Schorlemer's Kunstwiesen von jeder Benutzung bei Truppenübungen ausgeschlossen bleiben sollen; der Antrag, gegen den Moltke sich ausspricht, fällt.

(Sitzung vom 8. Januar 1875.)

Meine Herren, ich wollte nur bemerken, daß doch Weinberge, Schonungen u. s. w. Parzellen sind, die möglicherweise von den Truppen umgangen werden können; eine Wiese aber erstreckt sich oft stundenweit, und wenn sie unter keiner Bedingung betreten werden darf, so ist es, als ob ein Strom durch das Manöverfeld zöge. Man wird ja von selbst bei der Höhe der Entschädigung es vermeiden, solche Wiesen zu betreten; aber die Möglichkeit, gegen Entschädigung durchzugehen, möchte ich gewahrt wissen.

b. Deutsche Okkupationstruppen in Frankreich.

Anläßlich des Berichts der Petitionskommission kommt die Rede auf die angeblich mangelhafte Verpflegung der deutschen Okkupationstruppen.

(Sitzung vom 2. Mai 1871.)

Ich finde, daß ein Vertreter des Kriegsministeriums nicht gegenwärtig ist. Da nun die Verpflegung der Armee nicht vom Generalstabe ressortirt, so kann ich als nicht direkt Betheiligter vollkommen unbefangen darüber sprechen.

Wenn ich den Herrn Vorredner recht verstanden habe, so wurde zunächst hervorgehoben, daß verdorbene Gegenstände an die Truppen vertheilt worden sind. Meine Herren, als infolge des Präliminarfriedens ein neuer Verpflegungsmodus bei der Armee eintrat, da waren wir im Besitz von außerordentlich großen Beständen, die darauf berechnet waren, die ganze Armee, wie bisher, so noch auf lange hinaus zu verpflegen. Es ist natürlich, daß man aus ökonomischen Rücksichten gesucht hat, diese Bestände, namentlich Speck in großen Quantitäten, zu verwerthen. Als aber Beschwerden der Truppen eingingen, hat die Vertheilung aufgehört.

Nachdem an die Armee-Kommandos Anfragen gerichtet, welche Beschwerden vorlägen, ist jetzt z. B. von dem Kommando der dritten Armee die Antwort eingegangen: „es sind keine Beschwerden". Natürlich, meine Herren, findet eine gewisse Mißstimmung statt, wenn nach dem frischen, fröhlichen Vorwärtsgehen des Krieges die Leute jetzt feststehen. Sie langweilen und ärgern sich, daß die Unordnung in Frankreich sie hindert, in die Heimat zurückzukehren.

Die Verpflegung ist in der That, wie es ja schon hervorgehoben worden ist, eine reichliche; ³/₄ Pfund Fleisch ist eine ganz ausreichende Kost, dazu die übrigen Kompetenzen, die ich nicht im Kopfe habe, außerdem eine Geldzulage von 2½ Sgr., meine Herren, das schlägt zu Buch, es ist eine ganz bedeutende Ausgabe.

Wenn ich ferner den Herrn Vorredner richtig verstanden habe, so, glaube ich, wurde hervorgehoben, daß eine französische Armee in Deutschland ganz anders leben würde. Ja, meine Herren, das ist eben der Unterschied; wir haben uns überall gemäßigt und nur genommen, was nöthig und auskömmlich war, und nicht mehr. Ich glaube behaupten zu können, daß noch niemals ein Krieg und vollends mit solchen Massen geführt worden ist, wo die Armee so gut verpflegt gewesen ist, wie unsere Armee in diesem Feldzug. Man hat sich klar gemacht, daß, wie sehr richtig behauptet worden, im Kriege keine Verpflegung zu theuer ist, außer eine schlechte. So haben wir z. B. kostbare Konserven mitgeführt, die, zur rechten Zeit ausgetheilt, sehr guten Dienst geleistet haben. Ich bin der Ueberzeugung, meine Herren, daß die Armee ihrem General-Intendanten und seinen tüchtigen Beamten eine dankbare Anerkennung nicht versagt.

Erste Berathung des Gesetzentwurfs, betr. die Verwendung der Ersparnisse an den von Frankreich für die deutschen Okkupationstruppen gezahlten Verpflegungsgeldern. Dieselbe soll ausschließlich zu Gunsten der Armee, zur Unterstützung von Unteroffizieren, Freistellen im Kadettenkorps, Einrichtung einer Lebensversicherungs-Anstalt, Bau der Kriegsakademie, Einrichtung und Ausstattung von Dienstwohnungen erfolgen. Es wird im Reichstage die Ansicht verfochten, daß das Haus das Recht habe, über diese Gelder auch zu anderen allgemeineren Zwecken zu verfügen.

(Sitzung vom 11. März 1878.)

Meine Herren, ich glaube, daß Sie aus den Motiven der Vorlage genügend entnommen haben, wie die Ersparnisse entstanden sind, um die es sich hier handelt; ich habe nur wenig Worte zu sagen über die Qualität dieser Gelder.

Als der General von Manteuffel das Oberkommando über die Okkupationsarmee in Frankreich übernahm, da vermittelte er auf privatem Wege mit den maßgebenden Persönlichkeiten des französischen Gouvernements ein Abkommen dahin, daß statt der früheren Naturallieferungen fortan ein bestimmter Geldsatz pro Kopf und Pferd für die Armee gezahlt werden sollte. Daß dieser Satz auskömmlich hoch normirt wurde, scheint mir ein Verdienst des Generals von Manteuffel zu sein. Dank seiner umsichtigen Fürsorge und der vortrefflichen Verwaltung seines Militär-Intendanten, des Herrn Engelhardt, gelang es, den Truppen, die damals ihren Kameraden in die Heimat nicht folgen konnten, inmitten einer durchaus feindselig gestimmten Bevölkerung eine befriedigende Existenz auf fremdem Boden zu schaffen. Es erhielten die Leute eine ganz auskömmliche Portion, außerdem eine Geldzulage, die ihnen auch den Genuß von Wein gestattete, der ja in Frankreich auch dem ärmsten Arbeiter zugebilligt wird und der so sehr dazu beigetragen hat, den guten Gesundheitszustand der Truppen zu erhalten. Für den direkten Zweck einer guten Ernährung wurde damals in Mainz die Konservenfabrik begründet, die später eine größere Ausdehnung erhalten hat und der Armee für alle Zukunft die ersprießlichsten Dienste leisten wird, schon im Frieden bei allen größeren Versammlungen und vollends bei einem etwaigen Krieg.

Ich würde hier auf diesen Gegenstand nicht eingehen, wenn nicht der „Enthusiasmus für die Erbswurst" berührt worden wäre. Meine Herren, die Konserven haben den großen Vortheil, daß sie diejenigen Elemente, Eiweißstoffe und Kohlenhydrate, in dem beinahe genauen Verhältniß erhalten, welche nothwendig sind zur Ernährung eines arbeitenden Mannes. Jede willkürlich gewählte Mahlzeit enthält von den einen mehr, von den anderen zu wenig; das erstere geht nutzlos verloren, das andere fehlt an der Ernährung. Die Konserven haben dann den großen Vortheil, daß sie transportabel sind, daß der Mann auf mehrere Tage seine Verpflegung bei sich tragen kann, und sie haben den ferneren Vortheil, daß sie in sehr kurzer Zeit bereitet werden. Wie oft kommt es vor, daß eine Truppe bei dem stundenlangen Abkochen alarmirt, den Inhalt des Kessels ausschütten und hungrig weiter marschiren muß.

Die Konserven haben einen Nachtheil, das ist der, daß sie theuer sind; aber, meine Herren, wenn man von einem Menschen die höchste geistige und körperliche Anstrengung fordert, dann darf er nicht hungern; im Feld ist keine Verpflegung zu theuer, außer eine schlechte.

Es ist bereits angeführt, daß auch für die Beamten, für die Frauen und Kinder der Verheiratheten gesorgt wurde, und ich glaube, daß das nur zu billigen ist. Die Offiziere, welche alle Lebensbedürfnisse sehr theuer bezahlen mußten, erhielten außer ihrer Feldzulage noch einen nach ihrer Charge bemessenen Geldzuschuß. Daß ein solcher Zuschuß von dem Oberkommandirenden selbst nicht beansprucht wurde, ist bereits ausgesprochen, und dafür danke ich dem Herrn Vorredner. Der sehr bedeutende Betrag, wie er sich nach der Charge des Oberkommandirenden und für eine 2½jährige Dauer normirt haben würde, ist in den Ersparnissen mitenthalten. Der General von Manteuffel ist, wie alle unsere Generale, nicht reicher aus Frankreich zurückgekehrt, als wie er hinmarschirt ist.

Meine Herren, wenn ein Truppentheil Ersparnisse an seinem Menagefonds macht, so verbleiben diese bestimmungsmäßig zu seiner Verfügung. Hier handelt es sich um eine große Menage-Ersparniß, die ein Theil der Armee gemacht hat, eine schon in ihrem Entstehen durchaus interne Angelegenheit der Truppenverwaltung. Es kann ja nicht in Frage gestellt werden, daß der General von Manteuffel vollständig befugt war, alle die Summen, die ihm vermöge des getroffenen Abkommens zuflossen, auch vollständig an die Truppen zu verausgaben. Er konnte die Ersparnisse summarisch an die vier Divisionen vertheilen, oder er konnte jedem Mann noch fünf Silbergroschen zulegen; dann war heute von Ersparnissen überhaupt nicht die Rede. Er hat das nicht für zweckmäßig erachtet, nicht für gut, weil dadurch die Aufrechthaltung einer strengen Disziplin erschwert worden wäre, wie sie selbst von unseren Gegnern, den aufrichtigen wenigstens, anerkannt worden ist; er wollte eben aus dem Aufenthalt in Frankreich nicht eine Art Capua für seine Truppen machen. Er hielt es für richtiger, das, was ein Theil der Armee erspart hatte, zum Nutzen und Frommen der ganzen Armee zurückzulegen. In diesem Sinne sind, soweit ich weiß schon während der Okkupation, erhebliche Summen an das preußische und das sächsische Kriegsministerium abgeführt worden.

Aber, meine Herren, auch nach Aufhören der Okkupation war nach meiner Ansicht die Militärverwaltung vollkommen berechtigt, alle diese Gelder, ohne jemand zu fragen, zum Nutzen der Armee nach ihrem besten Ermessen auszugeben, so lange nämlich, wie das Pauschquantum Geltung hatte. Heute steht unstreitig dem Reichstag das Recht zu, über die Verwendung dieser Gelder mitzubefinden.

Meine Herren, die Milliarden hat die Armee erobert, die Millionen hier hat sie erspart und, wohl zu merken, erspart nicht an Staats- oder Reichsmitteln, sondern an ihren eigenen Mitteln. Ich glaube, meine Herren, ich darf Ihre Gerechtigkeit, jedenfalls Ihre Billigkeit in Anspruch nehmen, wenn ich Sie bitte, diese Gelder der Armee ganz und ungeschmälert zu belassen für Zwecke, die Sie als nothwendig und höchst wünschenswerth anerkennen werden, und für welche sonst neue Bewilligungen beim Reichstag beantragt werden müssen.

---

c. Exemption der Offiziere von den Kommunalsteuern.

Von Hagen ist ein Antrag eingebracht worden wegen Aufhebung der Präsidialverordnung vom 22. Dezember 1868, betreffend die Anwendung der in Preußen geltenden Vorschriften über die Heranziehung von Militärpersonen zu Kommunalsteuern im Bundesgebiete; dazu liegen dreizehn Petitionen aus Sachsen, Gera, Braunschweig vor, welche ein entsprechendes Verlangen aussprechen. Der Antrag wird abgelehnt, doch entscheidet sich der Reichstag in ähnlichem Sinne.

(Sitzung vom 28. Mai 1869.)

Meine Herren! Ich beabsichtige nicht, über die Rechtsgültigkeit der Präsidialverordnung zu sprechen, sondern über ihren Gegenstand. Es ist viel darüber gestritten, ob dieser Gegenstand in die Kommunal- oder in die Militärgesetzgebung fällt. Ich habe darauf aufmerksam zu machen, daß durch die preußische Kommunal- und Militärgesetzgebung der Grundsatz leitend ist, daß das aktive Militär befreit ist von allen Steuern. Diese Befreiung hat ihren Grund und findet ihre Berechtigung darin, daß das Einkommen des Militärs bemessen ist nach dem Bedürfniß. Als Preußen ein nationales Heer aufstellte, da ist diesem zu seiner Existenz bewilligt worden, was nach damaligen Verhältnissen als nothwendig und auskömmlich erachtet wurde, nicht mehr und nicht weniger. Es konnte also niemals die Absicht des Gesetzgebers sein, daß von dem, was zur Erreichung eines bestimmten und wichtigen Zweckes als nöthig erfunden wurde, — daß davon später irgendwelche Abzüge gemacht werden sollten. Allerdings war es nicht angänglich, aus äußeren Gründen das Militär von den indirekten Steuern, die ja damals schon bestanden, zu befreien. Die Befreiung aber von den direkten Steuern ist durch eine lange Reihe von Jahren hindurch unangefochten bestanden; erst als im Laufe von Dezennien die Preise aller Lebensbedürfnisse sich nahezu auf die doppelte Höhe steigerten, wurde, ohne daß die vor einem halben Jahrhundert normirten Gehalte bis dahin irgend eine nennenswerthe Aufbesserung erfahren hatten, — der Lieutenant hat 4 Thaler bekommen — erst da, es war bald nach den Wirren der 48er Jahre, wurde das Militär zum ersten Male zu den direkten Klassen- und Einkommensteuern herangezogen. Meine Herren, es ist nun diese in der Natur der Sache begründete Immunität nicht etwa eine speziell preußische Einrichtung; derselbe Grundsatz findet Anwendung auch in den meisten anderen Armeen, — nicht in allen, z. B. nicht in der nordamerikanischen, welche dem Staate und den Kommunen steuert und hoch steuert; — Alles, was ich dazu zu bemerken habe, ist, daß der amerikanische Lieutenant 120 Thaler, der preußische Lieutenant 26 Thaler bezieht.

Ich werde Ihre Geduld nicht ermüden mit den Verhältnissen unserer großen Nachbararmeen, ich beschränke mich darauf, Ihnen eine Armee zu nennen, die mehr Beifall finden wird, die von Vielen noch jetzt als das anzustrebende Ideal hingestellt wird, ich meine die Schweizerarmee.

Meine Herren, da finden Sie nun in dem neuesten Entwurf zu einer Militärorganisation der Eidgenössischen Armee im § 187 Folgendes ausgesprochen: „Alle im Eidgenössischen Militärdienste stehenden Personen, die für den Dienst erforderlichen Militäreffekten, Armeefuhrwerke, Lebensmittel und Getränke sind von Bezahlung aller Arten Steuern, Abgaben und Konsumgebühren in den Kantonen und Gemeinden befreit.

Dasselbe gilt auch von den Militäranstalten und Werkstätten der Eidgenossenschaft, deren Betriebsfonds mit keinerlei Kantonal- oder Gemeinde-Steuer belastet werden darf."

Sie sehen also, daß in einer Republik und in dem aufgeklärten Jahre 1868 dieser Gedanke einer völligen Steuerfreiheit des Militärs als etwas ganz Selbstverständliches behandelt wird.

Ich sagte schon, daß man bei uns im Jahre 1851 von diesem Prinzip abgewichen ist: Wir werden zu den direkten Steuern herangezogen. Unsere Verhältnisse sind sehr durchsichtig, denn jeder weiß, was wir Gehalt, was wir für Emolumente haben, und wir werden zum vollen Betrage herangezogen. Dagegen ist im entferntesten nichts zu sagen, sofern wir überhaupt steuern sollen; freilich bliebe zu wünschen, daß man dann auch in anderen Berufsklassen zu derselben vollständigen Klarheit durchbringen könnte, wo dann die Einkommensteuer wohl bedeutend mehr einbringen würde, als jetzt.

Meine Herren, ich gehe nicht zurück auf das Allgemeine Landrecht, welches ja die Befreiung von allen persönlichen Lasten des Militärs ganz bestimmt ausspricht, ich erinnere Sie nur an die freudig begrüßte Städteordnung von 1808, welche, indem sie die Städte der Einwohnerzahl nach klassifizirt, ganz bestimmt ausspricht: Das Militär zählt nicht mit. Das Militär gehört eben weder zu den Schutzbefohlenen, noch zu den Bürgern, es besteht für sich, es ist so eingerichtet, daß es für sich bestehen kann. Die Armee hat ihre Handwerker und ihre Künstler, sie hat ihre Köche und ihre Musiker, sie hat ihre Aerzte und ihre Geistlichkeit, sie richtet sich überall selbst ein. Sie wissen, meine Herren, daß wir unsern Aufenthalt nicht wählen können, wir sind darin beschränkter, als selbst die Zivilbeamten, denn bei ihnen kommt in den unteren Stellen überhaupt selten eine Versetzung vor, und ein Zivilbeamter kann, wenn er will, eine Anstellung ablehnen, wenn sie ihn nach einem Orte führt, wo er nicht bestehen zu können glaubt. Wir können das nicht. Beiläufig gesagt, finde ich allerdings die Besteuerung der Zivilbeamten gerade so inkonsequent, wie die des Militärs. Man exemplifizirt auf die Zivilbeamten und sagt: es ist doch unbillig, daß das Militär nicht mit zu den Steuern herangezogen wird, wo die Zivilbeamten steuern. Ja, meine Herren, ich bin derselben Meinung, aber die Unbilligkeit liegt nicht darin, daß das Militär frei ist, sondern sie liegt darin, daß die Zivilbeamten bezahlen müssen.

Wir werden also nun, ohne gefragt zu sein, nach irgend einer Stadt verlegt und stehen dort der Kommune gegenüber ohne jegliches Recht. Wie wollen Sie uns nun der Kommune gegenüber eine Pflicht auferlegen? Wir wählen die Obrigkeit der Stadt nicht, wir haben keinen Theil an dem Bürgervermögen, wir erfahren nichts über seine Verwaltung und wir haben nicht mitzusprechen bei seiner Verwendung. Es ist uns auch ganz gleichgiltig, ob die Stadt sich ein Rathhaus baut oder eine Markthalle, ob sie eine Badeanstalt gründet oder ein Spital.

Wird der Soldat krank, so kommt er nicht in das Bürgerspital, sondern in das Militärlazareth; wird er invalid, so nimmt sich nicht die Stadt seiner an, sondern der Militärfiskus muß für ihn sorgen.

Wird er erwerbsunfähig, hilfsbedürftig, so geht er in sein heimathliches Dorf zurück, in seine spezielle Kommune, die

Stadt thut nichts für ihn. Die Stadt schenkt uns keinen Exerzirplatz, keinen Schießstand, wir müssen beides erwerben und uns selbst einrichten; die Stadt giebt uns kein freies Quartier, denn wir bezahlen dafür den Servis, und wenn der Servis nicht ausreichend ist, so wissen Sie, daß die Militärverwaltung sehr gern geneigt ist, ihn zu erhöhen, wenn Sie nur die Mittel bewilligen wollen, aus denen das geschehen kann. Meine Herren, das Militär ist also in der That in der Stadt, wo es garnisonirt, ein Gast, nicht in dem Sinne, wie Sie vielleicht jemand bei sich aufnehmen, ihn verpflegen, ihn zum Abschied noch beschenken; nein, meine Herren, ein Gast, der seine Rechnung bezahlt.

Man hat nun wohlwollend das Militär bedauert, indem man den Soldaten verhindere, die Kommunalsteuer zu bezahlen, beraube man ihn jeder Heimat, stelle die Armee außerhalb des Volkes. Meine Herren, wo ist denn bei uns überhaupt die Rede von einem Gegensatze zwischen Militär und Volk? Derselbe Mann der voriges Jahr Volk war, der ist dieses Jahr Militär und in zwei Jahren ist er wieder Volk. Die Armee ist ein Theil des Volkes und nicht der schlechteste, und es ist wirklich nicht nöthig, ihr erst eine Steuer aufzuerlegen, um das zu ihrem Bewußtsein zu bringen. Was dann die Heimat anbetrifft — ja, ein Bataillon hat nach seiner mittleren Kopfstärke 568 Heimaten, in seiner Gesammtheit aber wurzelt es nicht in der Garnison, die Garnison ist nicht seine Bestimmung und wird nie seine Heimat, und wenn es 50 Jahre da stünde, ohnehin wechseln seine Bestandtheile fortwährend. Die Heimat der Armee ist das Vaterland, ist der Bereich des ganzen Norddeutschen Bundes, wohin sie der König schickt.

Nun sagt man uns: Ja, das Militär nimmt aber doch Theil an all den vielen und schönen Einrichtungen, die es in den Städten vorfindet. Ja, meine Herren wir nehmen Theil in einem gewissen, möglichst beschränkten Grade, nehmen Theil, soweit man überhaupt niemand verhindern kann Theil zu nehmen, nicht mehr, als an Luft und Licht. Die Stadt erlaubt uns zwar, auf ihrem Trottoir spazieren zu gehen, aber sie pflastert für uns keine Straße, sie steckt um unsretwillen nicht eine Gasflamme mehr an, sie hat es nicht nöthig, wegen des Militärs einen Nachtwächter anzustellen, denn wir bewachen uns selbst bei Tage und bei Nacht. Wenn Sie nun dennoch darauf bestehen, daß das Militär doch theilhaft wird gewisser Vortheile in den Städten, so frage ich: gewährt denn das Militär den Städten nicht etwa auch Vortheile? und sollten diese Vortheile nicht ganz überwiegender Art sein? Meine Herren, worauf gründet sich denn der Flor, das Wachsthum, das Gedeihen der Städte? Doch wohl auf das Wohlergehen, auf die Machtentwickelung und die politische Stellung des Staates überhaupt.

Man hat mir gesagt, daß hier in Berlin nach den opfervollen Kriegen zu Anfang unseres Jahrhunderts Grundstücke vielleicht 20 000 Thaler werth waren, die heute vielleicht 120 000 Thaler und mehr werth sind. Nun, meine Herren, zwei verlorene Feldzüge konnten den Werth der Grundstücke in Berlin und in anderen Städten auf das frühere Niveau herabdrücken, und was das sagen will, wo zwei Drittel oder drei Viertel aller Grundstücke mit Schulden belastet sind, das brauche ich nicht weiter auszuführen. Aber hier, wo es sich darum handelt, dem Militär eine neue und nach meiner besten Ueberzeugung ganz ungerechtfertigte Last aufzuerlegen, da wird es gestattet sein, wenn auch nur im Vorübergehen, daran zu erinnern, daß ja das Militär zwei Feldzüge nicht verloren, sondern gewonnen hat, und daß, wenn heute Preußen, wenn Deutschland eine ganz andere Stellung in der Welt einnimmt als früher, das Militär doch auch selbst um die Städte einiges indirekte Verdienst sich erworben haben möchte.

Wenn dies aber auch vergessen sein sollte, meine Herren,

so werde ich die Ehre haben, Ihnen direkte, ganz positive und in Zahlen nachzuweisende Vortheile vorzuführen, welche die Städte von dem Militär haben. Blicken Sie doch auf Luxemburg. Bekanntlich werden doch die Festungswerke jetzt geschleift, die Sache ist bisher etwas langsam vorgegangen, es ist noch nicht viel aus den freigewordenen Grundstücken erlöst: nichtsdestoweniger hat doch die Luxemburgische Regierung sich veranlaßt gesehen, der Stadt Luxemburg bereits die Summe von 140 000 Francs zu überweisen, um sie nur einigermaßen zu entschädigen für die Ausfälle, welche ihr aus der Verlegung der früheren Bundesgarnison erwachsen. Meine Herren, es profitiren die Städte, und in den Städten gerade die minder begüterten Einwohner; die Kleinbürger profitiren aus dem Vertrieb der Lebensbedürfnisse einer Garnison die Differenz zwischen Produktionskosten und Marktpreis, zwischen Einkauf und Ausverkauf, und diese Differenz ist schon so bemessen, daß mit so und so viel mal 100 oder 1000 — je nach der Stärke der Garnison — multiplizirt, dies eine sehr hübsche Summe giebt. Wie käme es auch sonst, daß die Städte, welche gern über die Last ihrer Garnison klagen, noch viel mehr klagen, wenn ihnen diese Last genommen wird? Wie käme es, daß alljährlich beim Kriegsministerium Petitionen von Städten eingehen, welche um Hinverlegung einer nicht kommunalpflichtigen Garnison nachsuchen?

Meine Herren, werfen Sie einen kurzen Blick auf den Haushalt der Städte. Es hat z. B. im Jahre 1865 die Stadt Berlin eingenommen aus dem Kommunalzuschlag zur Mahl- und Schlachtsteuer und zur Braumalzsteuer 750 000 Thlr., als Antheil an dem Rohertrag der Mahl- und Schlachtsteuer 237 900 Thaler, an Wildpretsteuer 20 000 Thaler, macht in Summa rund 1 008 000 Thaler, d. h. ein Drittel der Gesammteinnahme dieser großen Stadt. Nun, meine Herren, zu diesem einen Drittel und bei allen drei angeführten Posten steuert das Militär bereits redlich seinen Theil bei. Blicken Sie nun auf die Ausgaben, so finden Sie außer Verzinsung der städtischen Schuld, die wir nicht kontrahirt haben, außer dem städtischen Bauwesen, welches uns nichts angeht, und außer einem hübschen runden Posten von 360 000 Thaler für Geschäftsbedürfnisse zunächst das Schulwesen mit 535 000 Thaler angesetzt. Ja, unsere zwanzigjährigen Leute schicken in der Regel doch keine Kinder in die Schule, und die Söhne der Offiziere werden doch fast ausnahmslos in den Königlichen Gymnasien und Kadettenhäusern erzogen. Sind aber Militärkinder vorhanden, welche die städtischen Schulen besuchen, nun, meine Herren, dann bleibt übrig, von ihnen ein erhöhtes Schulgeld zu erheben, wie das die Stadt Oldenburg bereits thut. — Nächst diesem Posten figurirt denn mit der bedeutenden Summe von 710 000 Thaler das städtische Armenwesen, dieser kolossal sich entwickelnde Krebsschaden der großen Städte.

Meine Herren; der Soldat ist zwar selbst arm; wenn Sie aber nur die Güte haben wollten, ihm nicht noch etwas von dem zu nehmen, was er hat, so wird er keine Hülfe beanspruchen, und weiß auch, daß er hier keine bekommt. Beiläufig bemerkt, würde der Betrag einer Zwangssteuer zu dem Armenwesen von dem sehr leicht und sehr vollständig gedeckt werden, welcher sich etwa veranlaßt sehen möchte, seine freiwilligen Beiträge für Armenverwaltung, für Suppenanstalten, für Kleinkinderbewahranstalten, für Rettungshäuser, kurz für diese ganze Reihe meist vergeblicher Versuche, dem Elende zu steuern bis zum Wohlthätigkeitskonzert, — der diese freiwilligen Beiträge einzuhalten sich entschlösse, die ihn ohnehin nicht schützen gegen tägliche, mündliche und schriftliche Gesuche.

Schließlich, meine Herren, finden Sie den Hauptposten mit 746 000 Thaler für Polizeiverwaltung. Nun, meine Herren, das Militär handhabt streng seine eigene Polizei; und wer steht denn hinter der Polizei? Wir haben hinter der Polizei die

Bürgerwehr gesehen; Sie werden sich entsinnen, daß das Ding nicht recht ging, und daß schließlich doch das Militär heran mußte. Meine Herren, wenn Sie die Garnison nicht hätten, so würden Sie vielleicht das Doppelte und Dreifache für Polizeizwecke zu verwenden haben.

Sonach, meine Herren, finden Sie zwar auf der einen Seite des Blattes, auf der der städtischen Einnahmen, das Militär als zahlend, auf dem andern Blatte aber, dem der städtischen Ausgaben, finden Sie das Militär als empfangend nirgends. Nein, meine Herren, wenn wir unsere Rechnungen aufmachen, so seien Sie versichert, daß die Bilanz sich sehr zu Gunsten des Militärs stellen wird, und daß es in der That billiger wäre, zu erwarten, daß die Städte etwas für ihre Garnisonen thun, als umgekehrt, daß die Garnisonen für die Städte steuern sollen.

Man ist nun so weit gegangen, daß man selbst die Besteuerung des Diensteinkommens von Unteroffizieren und Gemeinen verlangt hat. Ich werde nicht lange dabei verweilen, meine Herren. Unsere jungen Leute, die noch in der Entwickelung ihrer körperlichen Kräfte sind, an die wir große Anforderungen stellen müssen, haben vortrefflichen Appetit und würden gern täglich ein Pfund Fleisch essen, wenn wir es ihnen nur geben könnten. Legen Sie noch eine Verbrauchssteuer auf die Militär-Speiseanstalten, dann wird man die paar Loth Fleisch bald nicht mehr in der Suppe finden können. In den Städten, wo keine Schlacht- und Mahlsteuer ist, müßten Sie geradezu zu bestimmungswidrigen Gehaltsabzügen schreiten; denn sonst finden Sie zuverlässig am Ende des Monats den 1 Sgr. 3 Pf. nicht vor, und die Eintreibung der Steuerreste würde ihre besonderen Schwierigkeiten haben; denn Sie können den Mann nicht pfänden, er hat nichts als die Königlichen Effekten, und Sie können ihn nicht einsperren, denn sonst würden Sie bald die Kompagnie im Arrest, anstatt auf dem Schießplatz finden.

Meine Herren, man hat uns diese ganze Angelegenheit mit etwas hochtönenden Worten eingeführt; man hat gesagt, daß die Präsidialverordnung eine tiefe Verstimmung in den weitesten Kreisen hervorgerufen habe, daß das Rechtsgefühl der Nation verletzt sei; man hat sogar aus dem Arsenal der etwas verbrauchten Redefiguren vor einiger Zeit wieder einmal den gewissen Schrei der Entrüstung hervorgeholt. Meine Herren, die Verstimmung mag bei den städtischen Kassen empfunden worden sein, in weiten Kreisen glaube ich nicht. Wo die allgemeine Militärpflicht gilt, da giebt es kaum eine Familie, die nicht einen Sohn, einen Bruder, einen Verwandten in der Armee hätte, und in diesen allerdings weitesten Kreisen von Tausenden von Familien wird man sich schon darüber zufrieden gegeben haben, daß die Angehörigen nicht steuern sollen für Zwecke, die ihnen fremd sind. Sehen Sie auf die Petitionen; es sind ein Dutzend Königlich Sächsischer und Braunschweigischer Städte, Gera, Weimar, Oldenburg, und wie wir jetzt erfahren, auch Darmstadt, die zumeist Chorus machen mit dem Magistrat von Dresden. Von anderer Seite, meine Herren, liegt nichts vor.

Es ist ja nun nicht allein wünschenswerth, sondern nothwendig, daß innerhalb derselben Armee nicht nur dieselbe Bezahlung, sondern auch dieselbe Besteuerung Platz greife. Können Sie nun etwas Ungleichmäßigeres und also Unzweckmäßigeres erfinden, als die Kommunalbesteuerung? Versetzen Sie einen Offizier innerhalb seines Regimentes von einem Bataillon zum andern, z. B. von Minden nach Bielefeld, so macht das, wenn er Kommunalsteuern zahlt, 23 pCt. Unterschied. Der Mann stand vielleicht in Boppard oder in Greifswald oder in Görlitz, in einer von den guten alten Städten, die ihr Vermögen zu bewahren gewußt haben und zahlte dort 3, 4, 5 pCt.; schicken Sie ihn nach Berlin, so müßte er 50 oder 100 pCt. zahlen und wenn er das Unglück haben sollte nach Elberfeld zu kommen, so würde er, wie mir gesagt ist, 320 pCt. zu zahlen haben. Das ist doch keine Ausgleichung, meine Herren; nun sagt man, eine Ausgleichung muß aber stattfinden, hier muß der Staat einschreiten, der Staat muß Ortszulagen zahlen.

Es ist erstaunlich, was man Alles vom Staat erwartet, was der Staat Alles leisten soll, während man eifrigst darauf bedacht ist, ihm jede neue Hülfsquelle sorgfältig zu verstopfen.

Nein, meine Herren, es handelt sich hier einfach um eine Erhöhung der allgemeinen Steuerlast. Es sollen die Bewohner des platten Landes für die Interessen der Städte mitsteuern.

Meine Herren, ich begreife, wenn jemand aufsteht und sagt: das Militär hat immer noch zu viel, wir können ihm dreist etwas wegschneiden, sagen wir fünf Prozent — dafür wollen wir die Salzsteuer abschaffen, oder den Betrag den Steuerzahlern direkt erlassen. Dann kann ich die Behauptung bestreiten, aber nicht die Konsequenz des Vorschlages.

Wenn aber jemand sagt: das müssen wir einräumen, dem Militär kann man unmöglich noch etwas nehmen, aber erhöhen wir die Steuer, lassen wir diesen Mehrbetrag zwar in das Portemonnaie des Militärs fließen, aber nur um im nächsten Augenblick in die städtische Kasse abgeliefert zu werden, dann fürchte ich eigentlich nicht, daß dieser Vorschlag Ihren Beifall finden wird und beschränke mich darauf, neben der Unbilligkeit nur auf das Unpraktische eines solchen Vorschlages allein schon in Rücksicht auf die Schreiberei und die Geschäfte hinzuweisen. Die Intendanturen müßten ja nicht allein jeden Truppentheil, sondern jedes militärische Individuum verfolgen, um zu wissen, wann die kleinere Zulage in A. aufhört, wann die größere in B. und C. anfängt. Ich gratulire der Ober=Rechnungskammer, welche mit der Gründlichkeit, welche diese Behörde charakterisirt, einen solchen Wust von Nachweisung nachzusehen und festzustellen haben würde.

Meine Herren, es ist hier ganz einfach die Frage: sollen fünf Sechstel der Armee ihre alten Rechte aufgeben, um sich nach dem einen neu hinzugetretenen Sechstel zu richten, oder sollen in den neu hinzugetretenen Ländern eine Anzahl Städte künftig auf eine Einnahme verzichten, welche bisher seitens derselben — gewiß nicht ungesetzlich —, aber ich glaube mit einem sehr geringen Grade von Billigkeit von ihren Angehörigen in der Armee erhoben worden ist?

Ich muß dabei noch darauf hinweisen, daß ja in den neu hinzugetretenen Ländern die Erhebung der Kommunalsteuer materiell und formell wieder eine verschiedene ist. Sie müßten also auch dort reformiren. Sie würden nothwendig schließlich zu dem Resultat kommen müssen, zu sagen: Hier Koburg oder Braunschweig, das ist nun die Norm, nach welcher das Königreich Preußen, das Königreich Sachsen und alle Uebrigen sich zu richten haben.

Meine Herren! Ihre Kommission hat Ihnen vorgeschlagen, den Zustand wieder herzustellen, wie er vor Erlaß der Präsidialverfügung war, das heißt die Ungleichmäßigkeit zu stabiliren, bis die Angelegenheit anders geregelt werden kann. In welcher Weise sie geregelt werden soll, darüber hat die Kommission einen Vorschlag nicht machen können, weil keiner eine Majorität gefunden hat. Es liegt nun ein Vorschlag von dieser Seite des Hauses vor, welcher nichts weiter will, als daß dasjenige, was am Tage der Verkündigung der Verfassung des Norddeutschen Bundes in dieser Beziehung in Preußen unzweifelhaft zu Recht bestand — nichts weiter — auf das Bundesgebiet ausgedehnt werden soll. Meine Herren, ich kann Ihnen nur dringend empfehlen, diesen Antrag anzunehmen. Ich glaube, indem Sie das thun, ordnen Sie das Gerechte, das Zweckmäßige und das Ausführbare an.

Meine Herren! Die Armee verlangt in der That keine Begünstigung auf Kosten der übrigen Stände; aber sie verlangt zu existiren, und was sie dazu unbedingt braucht, das sollten Sie ihr nicht verkürzen.

d. Ueber Arreststrafen.

Zweite Berathung des Militär=Strafgesetzbuches zu den Bestimmungen über die Arreststrafen.

(Sitzung vom 7. Juni 1872.)

Meine Herren, ich erkenne vollkommen die humane Absicht des Antrages der Herren Abgeordneten Eysoldt und Genossen an, allein ich muß ihrem Antrage durchaus widersprechen. Ich glaube, daß eine allzu große Abminderung der Strenge der Strafen nur die Zahl ihrer Anwendungen vermehren wird. Wenn wir ein Gesetz für die Armee geben wollen, meine Herren, so dürfen wir uns nicht ausschließlich auf den bürgerlichen, auf den juristischen oder ärztlichen Standpunkt stellen, wir müssen uns schon auf den militärischen stellen. Autorität von oben und Gehorsam von unten; mit einem Worte, Disziplin ist die ganze Seele der Armee. Die Disziplin macht die Armee erst zu dem, was sie sein soll, und eine Armee ohne Disziplin ist auf alle Fälle eine kostspielige, für den Krieg eine nicht ausreichende und im Frieden eine gefahrvolle Institution.

Meine Herren, die Strafen sind es lange nicht allein, mit denen wir die Disziplin aufrecht erhalten. Es gehört dazu die ganze Erziehung des Mannes, und ich erwidere dem Herrn Antragsteller, daß, wenn unsere Strafen milder sind, wie in anderen Armeen, doch auch hinzutritt gerade dieses Moment der weiteren Erziehung. Wichtiger, als was in der Schule erlernt worden, ist die nach der Schule folgende Erziehung des Mannes, seine Angewöhnung an Ordnung, Pünktlichkeit, Reinlichkeit, Gehorsam und Treue, kurz an Disziplin, und diese Disziplin ist es, die unsere Armee in den Stand gesetzt hat, drei Feldzüge siegreich zu gewinnen. Wir können aber die Strafen dennoch nicht entbehren, meine Herren; Sie werden zugeben, daß es einer ungemein starken Autorität bedarf, um Tausende von Menschen zu bestimmen, unter den schwierigsten Verhältnissen, unter Leiden und Entbehrungen, Gesundheit und Leben an die Ausführung eines gegebenen Befehles zu setzen. Eine solche Autorität, meine Herren, kann nur erwachsen und kann nur fortbestehen unter schützenden Verhältnissen. Es muß der Unteroffizier dem Soldaten gegenüber eine bevorzugte Stellung haben, und es muß der Offizier Beiden gegenüber eine Prärogative genießen. Darin liegt, meine Herren, allerdings die von dem Herrn Vorredner hervorgehobene Ungleichheit vor dem Gesetze. Es ist aber nicht sowohl eine Bevorzugung des Offiziers als eine Bevorzugung des Vorgesetzten, und ich bemerke dabei, daß in der ganzen Armee Jedermann heute Vorgesetzter und morgen Untergebener sein kann. Der General an der Spitze eines Korps ist in dem Augenblick der Gehorchende, wo er in Berührung mit einem noch höher gestellten General kommt, und ebenso kann der einfache Soldat Vorgesetzter werden, sobald der Dienst ihn dazu beruft. Jeder Wachtposten, jeder Gefreite, der eine Patrouille führt, hat Gehorsam zu fordern.

Wir bedürfen nun, meine Herren, die strengen Strafen nicht gegen die große Masse unserer Leute, die durch Belehrung, Ermahnung, Rüge, höchstens leichte Disziplinarstrafen unschwer zu leiten sind, allein, meine Herren, wir haben es zum Theile auch mit ganz schlechten Subjekten zu thun. Wenn Alles unter die Waffen tritt, so treten natürlich die schlechten Subjekte, die ja in jeder Nation vorhanden sind, auch unter die Waffen. Wir sind ja genöthigt, Alles zu nehmen, jeden Mann, der in das dienstpflichtige Alter eingetreten, der gesund ist und so und so viel Zoll mißt; den moralischen Zustand der Rekruten kann die Aushebungskommission nicht untersuchen. Wir bekommen also auch Leute, die vielleicht Kandidaten des Zuchthauses sind, wenn sie nicht durch eine strenge militärische Erziehung noch vor diesem Unglücke bewahrt werden. Diese militärische Erziehung, meine Herren, die ist ja auch der Grund, warum wir mit einer sehr kurzen Dienstzeit uns niemals einverstanden erklären können; denn die Disziplin kann nicht einexerzirt werden, sie will eingelebt sein.

Ich komme auf die Strafen zurück. Es haben bedeutende Abminderungen der Strafen stattgefunden, namentlich Verkürzungen bei dem strengen Arreste um das volle Dritttheil der bisherigen Dauer. Wir haben uns damit durchaus einverstanden erklärt. Vollkommen im militärischen Interesse liegen kurze aber strenge Strafen, mit kurzen und leichten Strafen aber können wir nicht fertig werden.

Es ist das harte Lager bezeichnet als eine Art Grausamkeit. Meine Herren, wir verurtheilen alle unsere Leute täglich zu diesem harten Lager, so oft sie auf Wache ziehen, nur mit der Verschärfung, welche bei dem Arreste hinwegfällt, daß der Mann alle vier Stunden herausgerufen wird, um dann zwei Stunden bei Wind und Wetter Posten zu stehen. Ein hartes, aber trockenes und gegen Wind und Wetter geschütztes Lager, meine Herren, ist eine unglaubliche Wohlthat gegen ein Biwak auf dem Schnee oder einem nassen Sturzacker, wie es unsere Leute ja viele Nächte hindurch haben ertragen müssen. Wie gern wäre der Soldat oder selbst ein Offizier aus einem solchen Biwak in ein ähnliches Lokal geschlüpft.

Wenn Sie dem widerspenstigen faulen Mann die Matratze mit in das Arrestlokal geben, und wenn Sie ihm seine gewohnte Nahrung nur jeden dritten Tag entziehen, so faullenzt er seinen Arrest ab, er schläft und freut sich, daß seine Kameraden für ihn auf Wache ziehen müssen und daß er nicht zu exerziren braucht. Meine Herren, wir kommen mit solchen Strafen nicht aus. Bedenken Sie, daß die strengen Strafen nicht gerichtet sind gegen den ordentlichen, propren Soldaten, wie Sie ihn auf der Straße oder dem Exerzirplatz sehen, sondern gegen die wenigen schlechten Subjekte.

5. Zur deutschen Heeresverfassung.

Vorberathung über Abschnitt XI. des Norddeutschen Ver=
fassungs=Entwurfs (Bundeskriegswesen): Gegen die zwei=
jährige Dienstzeit.

(Sitzung vom 3. April 1867.)

Der erste von den Herren Rednern hat hier nochmals die zweijährige Dienstzeit berührt. Es ist diese Frage schon mehr= fach besprochen worden; erlauben Sie mir, sie noch einmal kurz zu beleuchten.

Man hat die zweijährige Dienstzeit gefordert, vom national= ökonomischen Standpunkte aus. Ob zweimalhunderttausend arbeitsfähige Männer, welche drei Jahre dienen, oder dreimal= hunderttausend welche zwei Jahre dienen, der produktiven Arbeit entzogen bleiben, kommt ganz auf Eins heraus.

Es ist allerdings der Militärdienst nicht eine produktive Arbeit, aber er bezweckt und erreicht die Sicherheit des Staates, ohne welche jede produktive Arbeit unmöglich ist; er bildet die Schule für die heranwachsende Generation in Ordnung, Pünkt= lichkeit, Reinlichkeit, Gehorsam und Treue — Eigenschaften, die für die spätere produktive Arbeit nicht verloren gehen.

Man betont immer, daß die jungen Leute noch das dritte Jahr bei der Fahne bleiben sollen; man übergeht mit Still= schweigen, daß sieben ganze Altersklassen, die ältesten, die

Familienväter fortan nicht mehr zum Kriegsdienste heran= und aus ihren Verhältnissen fortgezogen werden. Dieser Vortheil ist national=ökonomisch gewiß sehr bedeutend. Ich erinnere nur in finanzieller Hinsicht an die Familien=Unterstützungsgelder, welche die Kreise zahlen mußten.

Weit eher kann man vielleicht die zweijährige Dienstzeit vom finanziellen Standpunkte fordern. Dagegen entscheidet der Präsenzstand und es ist nicht zu leugnen, daß eine Herunter= setzung des Präsenzstandes in finanzieller Hinsicht sehr wichtig und sehr wünschenswerth ist. Es bleibt nur die Frage, wie weit eine solche Herabsetzung politisch und militärisch zulässig sein wird.

Blicken wir uns um, so sehen wir alle Nachbarn rüsten. Warum? Wir wissen es nicht. Wir drohen niemand, wir wollen unsere Angelegenheiten im Innern ordnen; aber die That= sache ist da.

Ich will auf das politische Feld nicht eintreten; ich bleibe bei der militärischen Seite. Man macht mit Recht geltend, daß die dreijährige Dienstzeit nicht die ganze waffenfähige Mann= schaft durch die Schule der Waffen gehen läßt. Es ist richtig, es bleibt etwas übrig.

Nicht überall, denn in mehreren Bezirken wird die dienst= fähige Mannschaft bis auf den letzten Mann erschöpft. Es ist ferner richtig, daß bei der zweijährigen Dienstzeit gerade noch genug Dienstbrauchbare sein werden, um die Bataillone — denn der Ausfall fällt lediglich auf die Infanterie, eine Herabsetzung des Etats der Spezialwaffen kann nicht beabsichtigt sein — auf 500 Mann bringen zu können. Ich will nun nicht behaupten, daß solche Bataillone nicht mehr lebensfähig wären, wenn, wie bei der dreijährigen Dienstzeit, höchstens ein Drittel Rekruten wären; bei der zweijährigen Dienstzeit aber ist die eine Hälfte eines solchen Bataillons in der elementaren Ausbildung begriffen. Ziehen Sie nun etwa 60 Unteroffiziere ab, ziehen Sie ab, was

Alles auf dieser einen Hälfte von Leuten lastet; die Kommandos zur Bewachung von Strafanstalten, — die Kommandos von Transporten, — den täglichen Wachtdienst, namentlich in Festungen, wie sehr er auch beschränkt ist, — die Munitionsarbeit, die z. B. in Magdeburg zu Zeiten täglich mehrere tausend Mann erfordert hat, — ziehen Sie ab die Handwerker, die Kranken, die Arretirten u. s. w., so bleibt so wenig übrig, daß ein solches Bataillon seine taktische Ausbildung für den Krieg, also den eigentlichen Zweck seiner Bestimmung nicht mehr erfüllen kann.

Es ist ebenfalls richtig, daß die zweijährige Dienstzeit ein größeres Material von Menschen für die Augmentation im Kriegsfall liefert. Aber, meine Herren, an Leuten fehlt es uns nicht; unser Herr Kriegsminister hat, nachdem sämmtliche neun Armeekorps mobil ins Feld gestellt waren, noch zwei andere improvisirt und hätte noch mehr geschaffen, wenn es nöthig gewesen wäre. Wir waren nach der Schlacht bei Königgrätz stärker als vorher, und als der Friede geschlossen wurde, standen wir mit 664 000 Mann unter den Waffen. Solche Formationen finden ihre Grenze weit früher in einer anderen Richtung. Bedenken Sie, was es finanziell heißt, eine Armee von 700 000, oder wie gefordert, 900 000 Mann unter Waffen zu erhalten!

Es endet ferner die Möglichkeit solcher Formationen in der begrenzten Zahl von Offizieren. Welches Element für die Kriegsführung die Offiziere sind, darüber will ich Ihnen nur eine statistische Ziffer nennen. Wir haben auf 50 Mann einen Offizier; wir haben verloren auf 20 Mann einen Offizier. Stellen Sie eine Formation auf ohne eine genügende Zahl wirklich diensterfahrener Offiziere, so haben Sie einen Haufen braver Leute, aber keine Truppe!

Wir haben im vorigen Jahre nahezu 50 000 Gefangene gemacht und haben 3000 Vermißte gehabt, wovon vielleicht der kleinste Theil nur gefangen war, es läßt sich das nicht so nachweisen. Woher dieser enorme Unterschied? Ich kann ihn nur der Dienstdauer zuschreiben. Finanzielle Bedrängniß hatte Oesterreich ein System aufgenöthigt, nach welchem der Infanterist durchschnittlich nur 1¼ bis 1½ Jahre im Dienste war. Diese Leute haben sich sehr brav geschlagen, und ich muß dabei bemerken, daß die Offiziere mit dem rühmlichsten Beispiele vorangegangen sind, denn auch die Oesterreicher haben sehr viele Offiziere verloren. Aber, sowie schwierige Verhältnisse eintraten, da lockerte sich die Ordnung; in Dorfgefechten, in Waldgefechten wurden die Leute schaarenweise gefangen genommen. Bei uns hörten Sie überall den Ruf: „Wo ist der Hauptmann?" „Was hat der Hauptmann gesagt, wo wir hingehen sollen?" Meine Herren, dies Gefühl des Zusammenhaltens unter allen Umständen kann nicht einexerzirt werden, es kann nur eingelebt werden, und das können Sie mit zwei Jahren nicht erreichen.

Spezialdiskussion über die das Bundeskriegswesen betreffenden Artikel des Norddeutschen Verfassungsentwurfs. Der Schwerpunkt liegt im Artikel 56, der die Friedenspräsenzstärke auf 1 pCt. der Bevölkerung von 1867 festsetzt. Bei wachsender Bevölkerung soll nach je 10 Jahren ein anderweitiger Prozentsatz festgesetzt werden. Hierzu wird von Moltke ein Amendement gestellt, nach welchem die Präsenzstärke und die dafür aufzuwendenden Leistungen bis zur Publikation eines neu zu Stande zu bringenden Bundesgesetzes fortdauern. Dieses Amendement fiel mit 138 gegen 125 Stimmen und wurde statt dessen ein Amendement Forckenbeck mit 137 gegen 127 Stimmen angenommen, nach welchem der Prozentsatz nur bis Ende 1871 gelten soll und alsdann die Friedenspräsenzstärke durch die Gesetzgebung festgestellt wird. Eine solche gesetzgeberische Regelung wurde alsdann durch das im Februar 1874 zur Berathung gelangende Reichsmilitärgesetz versucht. Wiederum knüpfen sich an die Frage von der Friedenspräsenzstärke die heftigsten Kontroversen. Auch diesmal gelangt die Frage nicht zur definitiven Lösung, sondern es wird der von der Regierung acceptirte Kompromiß auf siebenjährige Bewilligung der Friedenspräsenzstärke (bis 1881) mit 216 gegen 146 Stimmen genehmigt.

(Sitzung vom 5. April 1867.)

Ich habe wenige Worte zu sagen, um ein von mir gestelltes Amendement zu begründen. Es entsteht die Frage, was geschieht, wenn nach Verlauf einer Reihe von noch näher festzustellenden Jahren die Bestimmungen, welche der Entwurf der Verfassung enthält, abgelaufen sind, bevor ein neues Militärgesetz zu Stande gekommen ist. Man hat uns gesagt, daß in ganz Norddeutschland die Gesetze und Reglements, die in Altpreußen gültig waren, ebenfalls gültig sein werden. Wenn dies der Fall wäre, wenn Alles bliebe, wie es war, so würde mein Amendement überflüssig sein, auf alle Fälle aber unschädlich. Ich glaube aber nicht, daß diese Auffassung der Verhältnisse in einem neuen Parlament so unbedingt zu erwarten ist; ich suche nach einer größeren Sicherung.

Mein Amendement bezweckt, einer so dauernden Institution, wie das Heer ist, auch eine feste Grundlage in einer sicheren Einnahme zu verschaffen.

Bedenken Sie, meine Herren, daß eine Herabminderung des Präsenzstandes 12 Jahre lang nachwirkt, ja in der nächsten Zukunft 19 Jahre lang. Sie beschließen vielleicht die Verminderung unter ganz friedlichen Verhältnissen, sie kommt zur Wirkung vielleicht unter sehr kriegerischen.

Mein Amendement mußte sich auf den Artikel 56 nicht allein, sondern auch auf den Artikel 58 erstrecken; denn es hilft mir nichts, daß der Multiplikator konstant ist, wenn der Multiplikandus variabel bleibt. Es ist richtig, daß dabei ein Theil der Militär-Einnahmen und -Ausgaben der Bewilligung der Volksvertretung entzogen bleibt. Aber, meine Herren, Sie haben gehört aus den Auseinandersetzungen des Herren Regierungskommissars, wie knapp Alles bemessen ist, und wissen, daß für jede Mehrforderung die Regierung an den guten Willen und den Patriotismus der Volksvertretung gewiesen ist. Gewähren Sie der Militärverwaltung das Recht, innerhalb bestimmter Grenzen frei und nach eigenem Ermessen verfahren zu können; die Armee wird Ihnen dafür Dank wissen, das Volk wird von seinen Freiheiten dabei nichts verlieren und die Volksvertretung wird der mißlichen Aufgabe überhoben sein, in Berathungen über technische Gegenstände mit saurem Schweiß zu sagen, was man nicht weiß.

Wenn man von Ihnen 100 000 Thaler zur Abänderung von Tornistern fordert; ja meine Herren, wer den Tornister nicht in der Sonnenhitze getragen hat, weiß nicht wo er drückt.

Es giebt viele Gegenstände, welche die Militärverwaltung sicherlich besser versteht, als eine Versammlung von ausgezeichneten und patriotischen Männern.

Meine Herren, setzen Sie Ihrer unbestrittenen Befugniß eine freiwillige Schranke; es giebt Nothwendigkeiten, die zu eng gezogene Schranken sprengen! Ich empfehle Ihnen die Annahme meines Amendements.

Erste Lesung des Reichs-Militärgesetzes.

(Sitzung vom 16. Februar 1874.)

Meine Herren! Von den mannigfachen Bedenken des Herrn Vorredners will ich vorweg nur eines berühren. Ich halte es geradezu für unmöglich, die Kriegsformationen der Armee im voraus festzustellen, da wir nicht im voraus wissen können, ob wir nach einer oder nach zwei Seiten Front zu machen haben, da wir nicht wissen, ob wir, wie im Jahre 1864, mit nur einem Theile unserer Armee, oder, wie im Jahre 1870, mit Aufbietung aller unserer Kräfte den Krieg zu führen haben, wo wir ganze Landwehr-Divisionen zu Etappenzwecken, für Belagerungen verwenden mußten, wo wir die ältesten Mannschaften der Heerespflichtigen in ganz neue Formationen zusammenstellen, die ausgedienten Garde du Korps mit Infanteriegewehren bewaffnen mußten, um Hunderttausende von Gefangenen zu bewachen, wo wir im Laufe des Krieges die Zahl der Armeen und folglich auch ihre Zusammensetzung ändern mußten. Ich glaube, daß diese und viele andere Bedenken sich wohl in einer kommissarischen Berathung vollkommen klären werden. Ich möchte Ihre Aufmerksamkeit vor Allem darauf richten, daß es sich schon bei dem § 1 des vorliegenden Gesetzentwurfs darum handeln wird, zu erwägen, ob künftighin Deutschland die schweren Lasten zu tragen haben wird, welche bedingt werden durch eine Friedenspräsenz von 401 000 Mann. Meine Herren, es wird sich dabei um innere und äußere Verhältnisse des Landes handeln. Eine jede Regierung wird ihre Einnahmen verwenden müssen für die unabweislichen Erfordernisse auf allen Gebieten des Staats, bevor sie an Ersparnisse und Schuldentilgung und zuletzt wohl an Steuererlasse denken kann. Nun ist aber doch das erste Bedürfniß eines Staates, zu existiren, sein Dasein nach außen gesichert zu sehen. Im Innern schützt ja das Gesetz Recht und Freiheit des Einzelnen; nach außen von Staat zu Staat nur die Macht. Einem Tribunal des Völkerrechts, wenn ein solches existirte, würde immer noch die vollstreckende Gewalt fehlen, und seine Aussprüche unterliegen schließlich der Entscheidung auf dem Schlachtfelde. Kleine Staaten können sich auf Neutralität, auf internationale Garantien verlassen; ein großer Staat besteht nur durch sich selbst und aus eigener Kraft; er erfüllt den Zweck seines Daseins nur, wenn er entschlossen und gerüstet ist, sein Dasein, seine Freiheit und sein Recht zu behaupten, und ein Land wehrlos zu lassen wäre das größte Verbrechen seiner Regierung.

Der Wunsch, an den großen Summen, welche jährlich für das Militär verausgabt werden, zu sparen, sie dem Steuerpflichtigen zu erlassen oder für Zwecke des Friedens zu verwenden, ist gewiß ein völlig gerechter. Wer würde sich dem nicht anschließen! Wer malt sich nicht gern aus, wie viel Gutes, Nützliches und Schönes dann geschaffen werden könnte! Aber vergessen dürfen wir dabei nicht, daß die Ersparnisse am Militäretat aus einer langen Reihe von Friedensjahren verloren gehen können in einem Kriegsjahr.

Ich erinnere daran, was nach einem unglücklichen Feldzuge der Zeitabschnitt von 1808 bis 1812 unserm Lande gekostet hat. Dies waren Friedensjahre, waren Jahre, wo der Präsenzstand der Armee gering, die Dienstdauer so kurz war, wie es nur irgendwie gefordert werden kann, — und doch durfte Kaiser Napoleon sich rühmen, aus dem damaligen kleinen und armen Preußen eine Milliarde herausgezogen zu haben. Wir sparten, weil wir mußten, an unserer Armee und zahlten zehnfach für eine fremde. Allerdings dürfen wir nicht übersehen, daß namentlich in den allerletzten Jahren die Regierung in dankenswerther Weise neben den Militärausgaben auch sehr bedeutende Summen für Friedenszwecke bereitgestellt hat. Aber sie reichen nirgends aus; von allen Seiten wird mehr gefordert und muß mehr gefordert werden, und eben deshalb möchte ich meinen, daß wir überhaupt noch nicht soweit gekommen sind, Steuererlasse empfehlen zu können. Ich meine, daß Jeder, auch der Geringste, etwas für den Staat steuern müsse und wäre es auch nur, damit er nicht ganz vergißt, daß es überhaupt einen Staat giebt, der für ihn sorgt, ihn schützt und den er zu schützen wieder berufen ist; — denn die größten Wohlthaten, die der Mensch umsonst hat, weiß er erfahrungsmäßig nicht zu schätzen. Wie soll der Staat auch auf seine Einnahmen verzichten, wenn auf allen Gebieten noch so viel zu leisten bleibt? Ich nenne Ihnen nur das der Schule, weil ich glaube, daß die Schule der Punkt ist, wo der Hebel eingesetzt werden muß, wenn wir uns gegen Gefahren schützen wollen, die, eben so sehr wie ein Angriff von außen, uns von innen drohen aus sozialistischen und kommunistischen Bestrebungen, — Gefahren, welche, glaube ich, nur beseitigt werden können, neben sozialen Verbesserungen, durch eine größere und allgemeiner verbreitete Bildung.

Die Schule, meine Herren, nimmt nicht die ganze Jugend in sich auf und sie begleitet die Mehrheit derselben nur auf einer verhältnißmäßig kurzen Strecke ihres Lebensganges. Glücklicherweise tritt nun bei uns da, wo der eigentliche Unterricht aufhört, sehr bald die Erziehung ein, und keine Nation hat bis jetzt in ihrer Gesammtheit eine Erziehung genossen wie die unsrige durch die allgemeine Militärpflicht.

Man hat gesagt, der Schulmeister habe unsere Schlachten gewonnen. Meine Herren, das bloße Wissen erhebt den Menschen noch nicht auf den Standpunkt, wo er bereit ist, das Leben einzusetzen für eine Idee, für Pflichterfüllung, für Ehre und Vaterland; dazu gehört die ganze Erziehung des Menschen. Nicht der Schulmeister, sondern der Erzieher, der Militärstand, hat unsere Schlachten gewonnen, welcher jetzt bald sechszig Jahrgänge der Nation erzogen hat zu körperlicher Rüstigkeit und geistiger Frische, zu Ordnung und Pünktlichkeit, zu Treue und Gehorsam, zu Vaterlandsliebe und Mannhaftigkeit. Meine Herren, Sie können die Armee, und zwar in ihrer vollen Stärke, schon im Innern nicht entbehren für die Erziehung der Nation. Und wie nun nach außen? Vielleicht daß eine spätere glücklichere Generation, für welche wir im voraus die Lasten mittragen, hoffen darf, aus dem Zustande des bewaffneten Friedens herauszugelangen, welcher nun schon so lange auf

Europa lastet. Uns, glaube ich, blüht diese Aussicht nicht. Ein großes, weltgeschichtliches Ereigniß, wie die Wiederaufrichtung des deutschen Reiches, vollzieht sich kaum in einer kurzen Spanne Zeit. Was wir in einem halben Jahre mit den Waffen errungen haben, das mögen wir ein halbes Jahrhundert mit den Waffen schützen, damit es uns nicht wieder entrissen wird.

Darüber, meine Herren, dürfen wir uns keiner Täuschung hingeben; wir haben seit unseren glücklichen Kriegen an Achtung überall, an Liebe nirgends gewonnen.

Nach allen Seiten stoßen wir auf Mißtrauen, daß Deutschland, nachdem es mächtig geworden, in Zukunft ein unbequemer Nachbar sein könnte. Nun, meine Herren, es ist nicht gut, den Teufel an die Wand zu malen, und aus Mißtrauen und Besorgniß, selbst unbegründete, können wirkliche Gefahren hervorgehen.

Sie finden noch heute in Belgien französische Sympathien, deutsche sehr wenig; man hat dort nicht erkannt, daß der belgischen Neutralität nur ein Nachbar gefährlich werden kann, und daß sie nur einen wirksamen Beschützer hat.

In Holland hat man angefangen, die Inundationslinie wieder herzustellen und neu zu befestigen. Gegen wen? Ich weiß es nicht. In Deutschland, glaube ich, ist noch kein Mensch auf den Gedanken verfallen, Holland zu annektiren.

Es ist wahr, wir haben diese Linien noch zu Anfang dieses Jahrhunderts erobert, aber nicht für uns, sondern für Oranien. — In einer kleinen, vielgelesenen Broschüre, geschrieben, um die Engländer auf das Mißliche ihres Milizsystems aufmerksam zu machen, werden die Folgen einer Landung in England geschildert, — nicht aus Frankreich, nicht von der gegenüberliegenden Küste, sondern aus Deutschland. In Dänemark glaubt man die Küstenflotte vermehren und die Landungspunkte auf Seeland befestigen zu sollen, weil man eine deutsche Landung befürchtet. Bald sollen wir die russischen Ostseeprovinzen erobern, bald die deutsche Bevölkerung Oesterreichs zu uns herüberziehen wollen.

Und nun, meine Herren, gestatten Sie mir, mich in Kürze noch nach unserem interessantesten Nachbar umzusehen.

Frankreich ist ja in die Nothwendigkeit versetzt worden, seine ganze militärische Einrichtung umzubilden. Während unsere Heere in Frankreich standen, haben wir nahezu die ganze französische Armee bei uns gehabt, haben sie aufgenommen, untergebracht, ernährt, zum Theil bekleidet, und haben dann diese Armee unbeschädigt beim Frieden an Frankreich herausgegeben, wo sie den tüchtigen Kern für alle Neuformationen bildet. Man hat nun in Frankreich alle unsere militärischen Einrichtungen getreu kopirt, natürlich ohne das Original zu nennen, unter französischem Namen, als „ursprünglich französische Ideen, Kinder der großen Revolution, welche nur die Deutschen etwas früher adoptirt haben". Man hat vor Allem die allgemeine Wehrpflicht eingeführt und hat dabei eine zwanzigjährige Verpflichtung zu Grunde gelegt, während wir nur eine zwölfjährige haben; man hat ferner dem Gesetze rückwirkende Kraft gegeben, so daß viele Franzosen, welche längst ihre Jahre abgedient haben, plötzlich wieder wehrpflichtig geworden sind. Die französische Regierung ist schon heute berechtigt, für die aktive Armee 1 200 000 und für die Territorialarmee ebenfalls eine Million Männer zu den Waffen zu berufen. Um diese auch nur theilweise einstellen zu können — denn, meine Herren, es kommt nicht bloß auf die Zahl der Wehrpflichtigen an, sondern auch auf die Kadres, in welche sie eingestellt werden sollen — ich sage, um diese Massen einreihen zu können, war es nothwendig, die Kadres zu vermehren. Nachdem Deutschland seine Reichslande wieder an sich genommen hat, haben wir, mit Ausnahme einiger weniger Spezialwaffen, nur die bestehende Last auf mehr Schultern übertragen. In

Frankreich, welches doch um 1½ Millionen Einwohner ärmer geworden ist, sind seitdem sehr erhebliche Formationen ausgeführt. Die Zahl der bis zum Kriege bestehenden Infanterie-Regimenter in Frankreich betrug 116, gegenwärtig 152, es sind also hinzugetreten 36 Infanterie-Regimenter, außerdem 9 Jäger-Bataillone. Es sind seit dem Frieden formirt 14 neue Kavallerie-Regimenter; die Zahl der Batterien betrug bis zum Kriege 164, sie beträgt jetzt 323, es sind hinzugetreten 159 Batterien. Diese Augmentationen sind noch nicht geschlossen; die Friedenspräsenz ist in Frankreich noch nie so stark gewesen als gegenwärtig, sie ist seit 1871 um 40 000 Köpfe gewachsen. Die budgetmäßige Durchschnittsziffer der Stärke beträgt pro 1874 471 170 Mann und 99 310 Pferde. Statt der acht Armeekorps, mit welchen uns die Franzosen zu Anfang des Krieges entgegentraten, stellt Frankreich künftighin achtzehn, ein neunzehntes für Algier nicht mitgerechnet. Das Militärbudget — ich nenne die Zahlen in Thalern übertragen, zur leichteren Vergleichung mit unseren Ziffern — ist seit 1871 um über 25 Millionen gewachsen: es beträgt im Ordinarium für die Landarmee 125 Millionen Thaler, im Extraordinarium 46 Millionen, zusammen 171 Millionen Thaler. Meine Herren, die französische Nationalversammlung hat ohne Rücksicht auf die Staatsfinanzen und ohne Unterschied der Parteien bereitwillig ein jedes Opfer gebracht, welches für die Wiederherstellung und Erweiterung der französischen Heeresmacht gefordert wurde; sie ist sogar noch weiter gegangen: kriegerischer als der Kriegsminister hat sie für einen gewissen Zweck die Heranziehung der seconde portion in diesem Jahre 17 Millionen Francs der Militärkommission geradezu aufgenöthigt. Die französischen Kommunen sind in ihrem Patriotismus nicht zurückgeblieben, sie weisen Exerzirplätze, Baulichkeiten für Offizierkasinos an, sie errichten Kasernen u. s. w.

Dies Alles, meine Herren, giebt uns ein Bild von der

Stimmung in Frankreich. Ich glaube nun zwar, daß die große Mehrheit der Franzosen, welche ohne Zweifel ihr Mißgeschick mit mehr Besonnenheit und Würde trägt, als man glauben sollte, wenn man nur die französischen Volksredner hört oder die französischen Journale liest, — daß diese Mehrheit wohl durchdrungen ist von der unbedingten Nothwendigkeit, zunächst den Frieden zu wahren. Ich sehe eine Bestätigung dafür auch in dem Umstand, daß eben ein einsichtsvoller Militär an der Spitze der französischen Regierung steht. Aber, meine Herren, wir haben Alle erlebt, wie die französischen Parteien, die ihren Ausdruck in Paris finden, Regierung und Volk zu den außerordentlichsten Beschlüssen hinreißen können. Was von jenseits der Vogesen zu uns herüberbringt, ist ein wüstes Geschrei nach Rache für die selbst heraufberufene Niederlage.

Nun, meine Herren, wir sind unsern Nachbarn nicht gefolgt auf dem Wege, die Armee zu vergrößern; wir glauben mit dem auskommen zu können, was in dieser Gesetzvorlage enthalten ist. Aber, meine Herren, die innere Güte unserer Armee dürfen wir nicht schwächen lassen, weder durch Abkürzung der Dienstzeit, noch durch Herabsetzung des Präsenzstandes. Die erste Maßregel führt, wenn sie überhaupt einen finanziellen Effekt haben soll, zur Miliz. Die durch Milizen geführten Kriege haben die Eigenthümlichkeit, daß sie sehr viel länger dauern und schon aus diesem Grunde sehr viel größere Opfer an Geld und an Menschenleben kosten als alle übrigen Kriege. Ich erinnere Sie nur an den letzten amerikanischen Secessionskrieg, welcher von beiden Seiten wesentlich von Milizen geführt werden mußte. Bei dieser Gelegenheit kann ich mir aber doch nicht versagen, Ihnen das Urtheil des Mannes über Milizen mitzutheilen, welcher eben den ersten amerikanischen Freiheitskrieg zu führen hatte, das Urtheil Washingtons. Sie finden es in der vortrefflichen Geschichte der amerikanischen Staaten von Herrn Bancroft. Zu keiner Zeit und an keinem Orte konnte eine Forderung unpopulärer sein als die, welche Washington immer wieder an den Kongreß stellte, die Forderung, ein stehendes Heer zu errichten. Dies konnte befremdend erscheinen, aber Washington spricht sich folgendermaßen aus. Er sagt: „Die Erfahrung, welche die beste Leiterin für das Handeln ist, verwirft so völlig klar und entschieden das Vertrauen auf die Miliz, daß niemand, der Ordnung, Regelmäßigkeit und Sparsamkeit schätzt, und der seine eigene Ehre, seinen Charakter und seinen Seelenfrieden liebt, diese an den Ausgang eines Unternehmens mit Milizen setzen wird."

Und etwas später schreibt er: „Kurze Dienstzeit und ein unbegründetes Vertrauen auf die Miliz sind die Ursachen alles unseres Mißgeschicks und des Anwachsens unserer Schuld."

Beendet wurde bekanntlich der Krieg durch das Auftreten eines kleinen Korps von nur 6000 Mann, aber wirklicher Soldaten.

Meine Herren, Frankreich hat es zweimal mit der Miliz versucht. Nach der Revolution war begreiflich das Erste, daß man die verhaßte Armee auflöste: die Nation selbst sollte die junge Freiheit schützen, der Patriotismus sollte die Disziplin, der Elan und die Massen sollten die kriegerische Bildung ersetzen. Es schwebt immer noch ein gewisser Nimbus um die Volontairs von 1791; aber, meine Herren, es giebt auch eine unparteiische Geschichte derselben, geschrieben von einem Franzosen nach den Akten des französischen Kriegsministeriums. Ich widerstehe der Versuchung, Ihnen sehr pikante Citate vorzuführen, ich müßte das ganze Buch citiren, auf jedem Blatte finden Sie, wie nutzlos, wie kostspielig und welche Geißel für das eigene Land diese Formationen gewesen sind. Erst nach dreizehnjährigen bitteren Erfahrungen hat man sich überwunden, nicht mehr die Armee unter Volontairs, sondern die Volontairs in die Armee einzustellen. Als dann ein Mann, wie der erste Konsul und andere ausgezeichnete Generale, sich an die Spitze setzten, da haben freilich diese Volontairs ganz Europa siegreich durchzogen, aber, meine Herren, es waren eben Soldaten geworden.

Die citirte kleine Schrift, aus welcher so nützliche Erfahrungen geschöpft werden konnten, ist erschienen im März 1870, und sechs Monat später sehen wir Frankreich zu denselben Mitteln greifen, freilich in seiner äußersten Bedrängniß. Meine Herren, wir haben es Alle erlebt und uns überzeugt, daß selbst die zahlreichste Versammlung von tüchtigen, patriotischen und tapferen Männern noch nicht im Stande ist, einer wirklichen Armee zu widerstehen. Die französischen Mobil- und Nationalgarden haben den Krieg um mehrere Monate verlängert, sie haben blutige Opfer gekostet, große Verwüstung und viel Elend bereitet, aber sie haben den Gang des Krieges nicht wenden können, sie haben Frankreich beim Frieden keine besseren Bedingungen verschafft. Vollends das Unwesen der Franktireurs hat unsere Operationen auch nicht einen Tag aufgehalten; wohl aber hat es selbst unserer Kriegsführung zuletzt einen Charakter der Härte verliehen, den wir beklagen, aber nicht ändern konnten.

Die Prozesse, welche noch heute, nach drei Jahren, in Frankreich auftauchen, geben Ihnen ein Bild von der Verwilderung und den Greueln, welche unausbleiblich im Gefolge einer solchen Maßregel erscheinen. Meine Herren, wenn Sie die Nation bewaffnen, so bewaffnen Sie mit den guten Elementen zugleich die schlechten, und deren hat ja jede Nation. Die ersteren sind ja unendlich überwiegend. Aber haben wir nicht bei uns selbst die Erfahrung mit unseren Bürgerwehren gemacht, wie bald der zuverlässige Theil derselben der Sache überdrüssig wird, in aller Stille verschwindet und dem unzuverlässigen das Feld frei läßt? Meine Herren! Die Gewehre sind bald ausgetheilt, aber nicht sobald wieder zurück zu bekommen.

Und glauben Sie, daß wir bei uns nicht auch Elemente beherbergen, wie die, welche nach dem Kriege in Paris zur

Herrschaft gelangt sind? Haben wir sie nicht, so wird man schon dafür sorgen, daß wir sie von außerhalb bekommen. Es mögen viel importirte Helden gewesen sein, welche in der französischen Hauptstadt die Denkmäler des französischen Ruhms vernichtet haben! Gott verhüte, daß wir ihnen jemals die Waffen in die Hände geben. Was sodann den Präsenzstand anbelangt, meine Herren, so möchte ich eindringlich davor warnen, ihn zu einer Budgetfrage zu machen. Ich weiß ja, daß geehrte Mitglieder des Hauses glauben, gerade an diesem Punkte fest= halten zu müssen, um das unbestreitbare Recht der Steuer= bewilligung den Landtagen zu wahren. Aber, meine Herren, er= wägen Sie, ob Sie durch die Handhabung dieses Rechts nicht das Recht schädigen, welches das Land hat, auf Ihre Mit= wirkung zu rechnen in einer Frage, wo es sich um den Bestand des Reiches handelt? Mir scheint, es ist doch wünschenswerth, nicht wieder in ein neues Provisorium einzutreten, sondern endlich einmal definitiv festzustellen, was Deutschland für ein deutsches Heer zu leisten hat. Wenn Sie sich überzeugen können, daß wir mit Rücksicht auf innere und äußere Verhältnisse nicht weniger als 401 000 Mann im Frieden unterhalten dürfen und wenn nach reiflicher Erwägung und Prüfung festgestellt wird, welcher Aufwand dafür nöthig ist, so verzichten Sie allerdings darauf, diese selbe Summe alljährlich zu diskutiren, zu bewilligen oder abzulehnen; aber, meine Herren, Ihr Bewilligungsrecht ist dadurch nicht beeinträchtigt, es tritt in volle Geltung bei jeder Mehrforderung und bei jeder neuen gesetzlichen Regelung dieses Gegenstandes. Es muß die normale Ziffer des Friedensstandes nothwendig auf eine lange Reihe von Jahren eine konstante bleiben. Durch Schwankungen dieser Ziffer tragen Sie die Unsicherheit hinein in alle die vielen, umfassenden Vorbereitungen, welche lange vorher und bis in das letzte Detail festgestellt sein müssen, wenn Sie mit ruhiger Zuversicht einem Angriff von außen entgegensehen wollen. Erwägen Sie, daß jede Ver=

minderung dieser Ziffer zwölf Jahre lang nachwirkt und daß keiner von uns übersehen kann, ob in zwölf Jahren Krieg oder Frieden sein wird.

Nun, meine Herren, „es kann der Beste nicht in Frieden leben, wenn es dem bösen Nachbar nicht gefällt."

Aber ich denke, wir werden der Welt zeigen, daß wir eine mächtige Nation geworden und eine friedliebende geblieben sind, eine Nation, welche den Krieg nicht braucht, um Ruhm zu erwerben, und die ihn nicht will, um Eroberungen zu machen. Ich wüßte wirklich nicht, was wir mit einem eroberten Stück Rußland oder Frankreich machen sollten.

Ich hoffe, wir werden eine Reihe von Jahren nicht nur Frieden halten, sondern auch Frieden gebieten; vielleicht überzeugt sich dann die Welt, daß ein mächtiges Deutschland in der Mitte Europas die größte Bürgschaft ist für den Frieden von Europa.

Aber, meine Herren, um Frieden zu gebieten, müssen wir zum Kriege gerüstet sein, und ich meine, wir stehen vor der Entscheidung, entweder zu sagen, daß bei den politischen Verhältnissen Europas wir eines starken und kriegsbereiten Heeres nicht bedürfen, — oder aber zu bewilligen, was dafür nöthig ist.

Trotzdem Moltke in seiner Rede vom 16. Februar 1874 die angeblichen Aspirationen Deutschlands auf Deutsch-Oesterreich in durchaus abfälliger Weise charakterisirt hatte, so wurde ihm doch bei Berathung des Gesetzentwurfs, betreffend die Verhinderung unbefugter Ausübung von Kirchenämtern von klerikaler Seite durch den Abgeordneten Lender der Vorwurf gemacht, er habe nur Komplikationen mit Rußland und mit anderen Staaten für nicht im Interesse des deutschen

Reiches liegend, erklärt, sich dagegen bezüglich Oesterreichs ausgeschwiegen, obwohl seither weitere Veranlassung vorgelegen hatte, in dieser Beziehung klaren Wein einzuschänken. Hierauf replizirt Moltke.

(Sitzung vom 24. April 1874.)

Der Herr Abgeordnete Lender hat, und auch mehrere der Herren Redner bei früherer Debatte haben auffallenderweise bei mir ganz besondere Hintergedanken gegen Oesterreich daraus ableiten wollen, daß ich in einer früheren Rede gesagt habe: ich wüßte in der That nicht, was wir mit einem eroberten Stück Frankreich oder Rußland anfangen sollten. Meine Herren, ich konnte Ihnen doch nicht sämmtliche Staaten Europas und vielleicht Amerikas herzählen. Meine Meinung ist, daß wir an unseren deutschen Landsleuten in Oesterreich, die sich unter dem Scepter ihres erlauchten Kaiserhauses wohl befinden, gute Freunde und im Falle der Noth vielleicht Verbündete haben. Meine Meinung ist, daß wir überhaupt keine Eroberungen, — aber auf jeden Fall behalten wollen, was wir haben.

Zweite Lesung des Reichs=Militärgesetzes § 1 (Friedenspräsenz=stärke).

(Sitzung vom 14. April 1874.)

Meine Herren, ich halte es für eine höfliche Rücksicht auf die Versammlung, wenn von diesem Platze aus, und zwar geradeaus, gesprochen wird. Dies zur Entschuldigung, wenn ich meine Bemerkungen von dieser Stelle an Sie richte. Bei der Ermüdung der Versammlung wird es in größter Kürze geschehen.

Es sind von verschiedenen Seiten, und namentlich von dem Herrn Abgeordneten Reichensperger, zahlreiche Citate aus meinen nicht zahlreichen und jedenfalls nicht langen Reden angeführt worden. Ich erwidere, daß ich noch heute vollständig auf demselben Standpunkte der Ueberzeugung stehe, wie früher, und daß ich auch jetzt sicher glaube, daß ein starkes Deutschland in Mitte Europas die größte Bürgschaft für den Frieden ist. Aber, meine Herren, ein starkes Deutschland! So lange uns aus einem Nachbarstaate täglich in Schrift und Wort mit dem Revanchekriege gedroht wird, dürfen wir nicht vergessen, daß nur das Schwert das Schwert in der Scheide hält, und daß unter solchen Umständen für uns Abrüstung Krieg ist, der Krieg, den wir gerne vermeiden wollen und der hoffentlich durch die Weisheit der französischen Regierung vermieden werden wird.

Meine Herren, wenn wir in Deutschland uns früher und friedlich zu einigen gewußt hätten, so wäre der Kampf mit Frankreich wahrscheinlich überhaupt nicht ausgebrochen.

Aber, meine Herren, im Jahre 1870 gab es noch kein geeinigtes und starkes Deutschland im Herzen von Europa, und der Krieg, mit welchem Frankreich uns überraschte, wurde wesentlich geführt, um das Zustandekommen eines solchen zu verhindern.

Wir haben diesen Krieg nicht hervorgerufen, und wir haben unsere Macht in demselben nicht gemißbraucht. Von uns hing es ab, drittehalb Millionen in Paris dem unvermeidlichen Hungertode entgegen zu treiben. Niemand konnte uns hindern, die Einschließung noch acht oder vierzehn Tage fortzusetzen, der dortigen Regierung konnten wir jede Forderung stellen, sie mußte jede bewilligen. Wohl zu erwägen blieb aber, daß die Regierung maßlosen Forderungen nachzukommen nicht in der Lage gewesen wäre. Wir begnügten uns daher, das Land zurückzufordern, welches unser unruhiger Nachbar Deutsch=

land in Zeiten seiner Schwäche entrissen hat. Von weiteren Kriegsentschädigungen möge man uns nicht sprechen, denn keine Milliarden können die Wunden heilen, welche ein „mit leichtem Herzen unternommener" Krieg dem öffentlichen und dem Familienleben geschlagen hat.

Ja, meine Herren, Deutschland in seinem Zwiespalt der Vergangenheit trägt selbst die Schuld, wenn in dem wiedereroberten Lande ein deutscher Volksstamm sich in der langen Zeit von 200 Jahren so vollständig hat entnationalisiren können, daß er noch heute, nach der ihm zu Theil gewordenen und wohlwollenden Behandlung, sich sträubt, wieder in Deutschland aufgenommen zu werden. Nun, wir werden unsern Landsleuten diesseits der Vogesen Zeit geben, sich während der nächsten 200 Jahre wieder an uns zu gewöhnen.

Dem geeinigten und starken Deutschland aber geziemt es, der Welt zu zeigen, daß wir den festen Willen und auch die Macht haben, das Reichsland beim Reiche stetig zu erhalten.

Rings um uns her, meine Herren, haben alle größeren Mächte ihre kriegerischen Mittel wesentlich erhöht, wir sind bei dem einen Prozent der Bevölkerung einer früheren Zählung stehen geblieben. Wir können nicht auf numerische Ueberlegenheit rechnen, wir müssen unser Vertrauen setzen in die innere Tüchtigkeit unserer Armee, und diese hängt eng zusammen mit der Dienstdauer jedes einzelnen Mannes. Der französische Infanterist dient thatsächlich bei der Fahne 3 bis 3½ Jahre; wir hoffen, bei der trefflichen Anlage unserer Leute, bei der sich mehr und mehr entwickelnden Schulbildung, bei den eingeführten Turnübungen und im Vertrauen auf die rastlose Arbeitsthätigkeit unserer vom Morgen bis zum Abend angestrengten Offiziere und Unteroffiziere in einer kürzeren Frist eine tüchtige Infanterie erzielen zu können. Wie weit man in dieser Hinsicht herabgehen kann, das, meine Herren, ist eine technische, ist eine rein militärische Frage, und die Militärbehörde glaubt, während der letzten Jahre bereits unter das Zulässige herabgegangen zu sein.

Meine Herren, das Amendement, welches von dem Abgeordneten von Bennigsen vorgelegt ist, erkennt an, daß die Forderungen, welche die Militärverwaltung gestellt hat, in der That gerechtfertigt sind, es bewilligt sie aber nur auf eine beschränkte Zeit. Ich kann mich nur schwer davon überzeugen, daß die vornehmste Institution des Reiches überhaupt ein Provisorium sein darf, ich glaube, daß sie gesetzlich als Definitivum festzustellen war. Die Gesetze werden ja nicht für alle Ewigkeit gegeben. Aenderten sich im Lauf der Jahre die politischen Verhältnisse in der Welt, so war es möglich, auch die Ziffer der Präsenzstärke gesetzlich zu modifiziren unter Zustimmung aller drei Faktoren der Gesetzgebung. Aber daß der Bestand der Armee abhängig sein soll von dem Bewilligungsrecht nur eines dieser Faktoren, das will mir nicht einleuchten. Ich werde nichtsdestoweniger für dieses Amendement stimmen, weil ich glaube, daß auch nach sieben Jahren eine patriotische Versammlung von Vertretern des Reichs dasjenige nicht wird ablehnen können, was wir heute als nothwendig für den Bestand des Reiches erkennen, und in der Rücksicht, daß vielleicht nur auf dem Boden dieses Amendements bei der Abstimmung eine Majorität sich ergeben wird, welche der Wichtigkeit des Gegenstandes, dem Ansehen des Landes nach außen und der Würde dieses Hauses entspricht.

Spezialdebatte des Gesetzes über die Verpflichtung zum Kriegsdienste zu § 6 (siebenjährige Dienstzeit im stehenden Heere, davon drei Jahre ununterbrochen aktiv), die Hauptbestimmung dieses Paragraphen liegt im Alinea 6. „Während des Restes der siebenjährigen Dienstzeit sind die Mannschaften zur Reserve beurlaubt, insoweit nicht die jährlichen Uebungen nothwendige Verstärkungen oder Mobilmachungen des Heeres beziehungsweise Ausrüstung der Flotte die Einberufung zum Dienst erfordern." Der Ausdruck „nothwendige Verstärkung" hatte Mißtrauen hervorgerufen; mehrere Amendements suchen zu präzisiren, ohne indessen die verschiedenen in Betracht kommenden Eventualitäten zu erschöpfen. Moltke spricht sich für die ursprüngliche Fassung aus, welche mit 165 gegen 81 Stimmen angenommen wird.

(Sitzung vom 18. Oktober 1867.)

Meine Herren, auch für mich liegt der Schwerpunkt dieses ganzen Gesetzes-Paragraphen in den Worten „nothwendige Verstärkung". —

Ich bin mit dem größten Interesse dem lichtvollen Vortrage Ihres Referenten gestern gefolgt: ich kann den Grundsätzen vollständig beitreten, die er dahin ausgesprochen hat, daß die Freiheit eines jeden Staats-Unterthanen nicht auf einer milden Praxis der Regierung, oder wie er sich ausdrückte, auf der Gnade, sondern auf seinem Rechte beruht. Dies ist der Geist der Gesetzgebung in einem konstitutionellen Staate. Aber Sie werden auch zugeben, daß in dem Gesetze selbst schon ein gewisser Spielraum behalten werden muß für die ausführende Behörde, weil es sich vorher nicht übersehen läßt, unter welchen Bedingungen es zur Anwendung gelangen wird. Wenn der § 60 der Verfassungsurkunde die Höhe der Armee auf ein Prozent der Bevölkerung feststellt, ferner der § 62 eine ganz bestimmte Summe normirt, für welche das Heer unterhalten werden muß, so sagt doch der § 63: der Bundesfeldherr bestimmt den Präsenzstand. Und mit Recht, weil die Verhältnisse sich eben nicht übersehen lassen, welche eine Verminderung dieses Präsenzstandes zulässig, oder eine Vermehrung nothwendig machen werden. Diese nothwendigen Fälle sind nun eben aufgenommen in den § 6. Sie finden in mehreren Paragraphen, daß Maßnahmen, die immer früher stattgefunden haben, die nicht ungesetzlich sind, die aber doch im Gesetze nicht aufgenommen waren, hier zur Sprache gebracht werden, und ich meine, daß es das Streben der Regierung ist, in jeder Hinsicht die gesetzliche Weihe für dieses Vorgehen zu erlangen. Und so sagt auch die Regierung ganz offen hier: in nothwendigen Fällen müssen wir Reserven einstellen können. Diese Worte haben nun zu vielseitigen Bedenken Veranlassung gegeben und zu meinem Bedauern theilt sie auch unser Herr Referent. Man hat gesucht, eine präzisere Fassung oder eine erweiterte Fassung zu finden, auch auf der anderen Seite durch Streichung die allerdings präziseste Fassung in radikalster Weise herzustellen; in letzterer Beziehung hat man aber doch wohl vielseitig gefühlt, daß man dadurch die exekutive Gewalt in die Unmöglichkeit versetzen würde, ihre höchsten Pflichten zu erfüllen. Man hat vorgeschlagen zu sagen: bei verfügter Kriegsbereitschaft; ferner: bei entstehendem Kriege, — aus politischen und landespolizeilichen Gründen. Ich glaube, daß diese letzte Fassung der Sache am nächsten tritt, ohne jedoch nach meiner Ueberzeugung die Fälle sämmtlich zu umgrenzen, welche eine Verstärkung nothwendig machen können. Meine Herren, wenn wir im vorigen Frühjahr genöthigt gewesen wären, und wir waren nahe daran, eine größere Truppenmacht in der Rheinprovinz aufzustellen, und wir hätten das unter dem Titel Kriegsbereitschaft gethan, so hätten wir den Krieg gehabt. Bei der Reizbarkeit unserer Nachbarn zweifele ich daran nicht. Wir wollen aber nicht den Krieg. Wir wollen unsere Verhältnisse im Innern im Frieden ausbauen, wir wollen unsere deutschen Angelegenheiten in Deutschland regeln und wenn man uns daran hindert, dann wollen wir den Krieg.

Ich will nur beiläufig bemerken, wie ich hoffe, daß wir bei solcher Gelegenheit nicht die Theorie der Milizheere in Anwendung bringen. Es wird wohl niemand von uns wünschen, die Gräuel eines Krieges, wie wir sie in Amerika gesehen haben, auf europäischen Boden zu verpflanzen. Ich hoffe ferner, daß wir nicht Gebrauch machen werden von der Theorie des schwachen Angriffsheeres und des starken Vertheidigungsheeres.

Wir wären im vorigen Krieg schlecht dabei gefahren, wir würden die Schlachtfelder nicht auf der Karte von Böhmen und Mähren, sondern auf der Karte Schlesiens und der Lausitz und vielleicht noch weiter rückwärts zu suchen haben.

Die Armee trennt sich überhaupt nicht in Angriffsarmee und Vertheidigungsarmee: die Armee, die durch den Angriff besser als auf jede andere Weise das Vaterland schützt, dieselbe Armee wird auch die Vertheidigung im Innern führen, wenn sie unglücklicherweise nur darauf beschränkt sein sollte. Sie findet dann in der Landwehr eine starke, nothwendige und eine vortreffliche Stütze, wie von niemand bezweifelt wird.

Die andere Verbesserung: „bei entstehendem Kriege" erschöpft die Sache auch nicht. Meine Herren, ich erinnere Sie daran, daß zu verschiedenen Malen schon Grenzbesetzungen stattgefunden, welche die Truppenkörper aus ganzen Korpsbezirken in Anspruch genommen haben. Es ist nun gesagt worden, daß es eine geringe Unbequemlichkeit wäre, im Vergleich zu dem großen Gegenstande einer präzisen Gesetzgebung, daß man zwei schwache Kompagnien anstatt einer verstärkten verwendet. Es handelt sich aber nicht um die Verwendung von Kompagnien, sondern um die Verwendung größerer Truppenmassen. Es ist eine bedenkliche Maßregel, die Truppen aus einem hinterliegenden Bezirk nach dem Grenzbezirk heranzuziehen. Ich will den Kostenpunkt nicht hervorheben, da andere Mitglieder geringen Werth darauf legen, obschon es sich hier doch um bedeutende Summen handelt, denn die Truppen müssen transportirt werden, müssen ihre Feldzulage haben u. s. w. Die Sache hat aber andere Bedenken: unsere Infanterie steht zum großen Theile in den Festungen; wir können sie nicht ohne weiteres fortziehen, können nicht die Festungen, die großen Städte, nicht ganze Bezirke von Truppen entblößen: es müssen dort Besatzungen, müssen Rekruten zurückbleiben u. s. w. Es ist also in der That nicht eine geringfügige Schwierigkeit. Es tritt noch das Bedenken hinzu, daß, wenn in eine solche Periode eine Mobilmachung fiele, große Schwierigkeiten entstehen würden; unsere Truppen können ordnungsmäßig nur in ihren Standquartieren mobil gemacht werden.

Sie müssen die Truppen erst zurückschicken und dann verlieren sie Zeit, und Zeit ist ein wichtiges Element für den Erfolg, oder sie müßten ihnen alle Bestände nachführen. Meine Herren, unsere Mobilmachung ist eine so komplizirte, allerdings bis aufs Kleinste regulirte Operation, daß ich befürchte, daß dadurch Verwirrungen entstehen, die sehr verderblich werden könnten.

Was die Streichung anbetrifft, so halte ich es eigentlich für irrational, zu streichen, daß in einem nothwendigen Falle das Nothwendige nicht geschehen soll.

Es handelt sich hier nicht um Einziehung von Individuen, meine Herren, es handelt sich um die Einziehung von Kategorien. Ich glaube daher nicht, daß Sie nöthig haben, die einzelnen Leute gegen eine gewisse Willkür der Militärbehörde sicher zu stellen. Ob der Fall, wo die Reserven eingezogen werden, nothwendig gewesen ist oder nicht, das, meine Herren, wird Ihrer Beurtheilung unterliegen, wenn Sie die Kosten einer solchen Maßregel bewilligen sollen.

Mit den 225 Thalern wird man es nicht bestreiten.

Meine Herren, ich glaube, wir wünschen alle aufrichtig, daß die Gesetze gehalten werden; der beste Weg dazu ist, die Gesetze so zu geben, daß sie gehalten werden können.

Ich empfehle Ihnen dringend, die Worte „nothwendige Verstärkungen" ungeändert stehen zu lassen.

Vorberathung über das Gesetz, betreffend die Marine-Anleihe (vom 9. November 1867), die bis zum Erlaß eines definitiven Gesetzes über die Bundesschulden-Verwaltung der preußischen Hauptverwaltung der Staatsschulden übertragen werden soll. Es werden hiergegen konstitutionelle Bedenken geltend gemacht, und will die Linke die Marinemittel durch die Matrikularbeiträge aufbringen, doch wird eine Einigung mit der Regierung erzielt.

(Sitzung vom 15. Juni 1868.)

Welcher verständige Mensch würde nicht wünschen, daß die enormen Ausgaben, welche in ganz Europa für Militärzwecke gemacht werden, für Friedenszwecke verwendet werden könnten? Aber auf dem Wege, wie einer der Herren Vorredner es gemeint hat, auf dem Wege der internationalen Verhandlung wird das sicherlich nie zu Stande kommen. Es ist ja der Krieg nur die Fortsetzung der Politik mit andern Mitteln. Ich sehe für den Zweck nur eine Möglichkeit, und das ist, daß im Herzen von Europa sich eine Macht bilde, die, ohne selbst eine erobernde zu sein, so stark ist, daß sie ihren Nachbarn den Krieg verbieten kann.

Eben deswegen glaube ich, daß, wenn dies segensreiche Werk jemals zu Stande kommen soll, es von Deutschland ausgehen wird — aber, meine Herren, erst dann, wenn Deutschland stark genug ist, das heißt, wenn es geeinigt sein wird.

Auch im Militär, meine Herren, verfolgen wir die Fortschritte der Wissenschaft und die Erfindungen, die anderwärts gemacht werden; aber die Erfindung ist noch lange nicht das, was aus ihr geschafft werden soll; es kommt darauf an, sie fertig hinzustellen. Unser vortreffliches Zündnadelgewehr ist vor langen Jahren erfunden, wir haben aber mehr als 20 Jahre gebraucht, um daraus eine wirklich kriegsbrauchbare Waffe in einer Million von Exemplaren herzustellen. Es würde also lange nicht genügen, zu beobachten, was anderwärts geschicht, sondern wir müssen selbst darin vorgehen. Es ist gesagt worden, daß die humane russische Regierung die Hohlgeschosse abgeschafft wissen will. Meine Herren, es handelt sich dabei wohl eigentlich nur darum, daß man in Rußland explodirende Gewehrkugeln nicht einzuführen wünscht; daß die russische Regierung Granaten und Shrapnels abschaffen wird, so lange die andern Nationen sie führen, daran zweifle ich sehr.

Es ist uns ferner gesagt worden, daß die Geschütze schließlich alle Panzer durchbrechen; wenn der Herr Redner diese Versicherung uns geben kann, so würden wir sehr kostspielige Versuche sparen können, ich fürchte aber, daß wir vielleicht zwei Kriege zu führen haben, ehe diese Frage entschieden ist, in denen wir sowohl Panzerschiffe als Befestigungen brauchen. Wie überhaupt das Argument gegen die Befestigung des Hafens von Kiel gekehrt werden kann, begreife ich nicht; es scheint mir eher das Gegentheil zu beweisen. Meine Herren, unsere Nachbarn wissen alle recht gut, — auch die, welche so thun, als ob sie es nicht wüßten — daß wir sie nicht angreifen wollen; aber sie sollen auch wissen, daß wir uns nicht angreifen lassen wollen.

Dazu brauchen wir Armee und Flotte, und ich vertraue dem Patriotismus des Hohen Hauses, daß Sie das von der Regierung gebotene Gesetz annehmen werden.

In derselben Sitzung weist Moltke eine irrthümliche Deutung, die seine Rede gefunden, in kurzer Bemerkung zurück.

Meine Herren! Ich hoffe, mich nicht weiter von dem Artikel 1 zu entfernen, als meine Herren Vorredner, indem ich hier nur kurz berichtige, daß ich nicht gesagt habe, wir brauchten die Einigung Deutschlands, um ein großes Heer und Flotte zu haben, sondern umgekehrt, daß wir Heer und Flotte brauchen, um zu jener Einigung zu gelangen, die dann hoffentlich einmal zu einer Herabsetzung dieser großen Ausgaben führen könne.

Zweite Berathung des Reichswahlgesetzes. Bei § 2, nach welchem die Wahlberechtigung für Armee und Flotte ruht, so lange die betreffenden Personen im aktiven Dienste sind, hatte das Verhältniß der Reserven Anlaß zu Beanstandungen gegeben, insofern es zweifelhaft erschien, wann dieselben im aktiven Dienst seien, doch wurde der Artikel in der von Moltke gewünschten Fassung angenommen.

(Sitzung vom 19. März 1869.)

Meine Herren! Im gewöhnlichen Friedensstande ist ja die Reserve und die Landwehr in ihrer Heimat und hat das volle und unbeschränkte Recht zu wählen. Eine Beschränkung tritt nur dann ein, wenn sie zur Fahne gerufen wird. Wann ist aber Landwehr und Reserve unter der Fahne? Das ist am Vorabende eines Krieges. Wollten Sie da die Ordnung der Armee dadurch lockern, daß Sie einen Theil derselben in das politische Treiben hineindrängen?

Meine Herren! Seien wir froh, daß wir in Deutschland eine Armee haben, die nur gehorcht. Blicken wir auf andere Länder, wo die Armee nicht die Schutzwehr gegen die Revolution ist, sondern wo diese aus der Armee hervorgeht.

Ich empfehle Ihnen dringend, niemals die Hand dazu zu bieten, daß das bei uns anders werde.

Ich glaube kaum den Einwurf noch berühren zu sollen, daß die Regierung möglicherweise die Reserve einberufen würde, um einen Einfluß auf die Wahlen zu erzielen, um gewisse Stimmen Ihnen zu entziehen. Sie sehen, daß hier die Re=

gierung auf eine große Zahl von konservativen Stimmen freiwillig verzichtet, denn bei einer ganz legalen Einwirkung werden in der Armee konservative Stimmen immer zu erzielen sein.

Beiläufig bemerke ich noch, daß die ganze Frage sich doch eigentlich um etwas sehr Erhebliches nicht dreht, weil vielleicht neun Zehntel der ganzen Armee, die bei der Fahne ist, unter 25 Jahren sein wird.

Das Amendement, welches vorschlägt, statt „im aktiven Dienste" zu setzen „unter der Fahne" ist das einzige, mit dem ich mich einverstanden erklären könnte. Ich bitte daher meinerseits alle übrigen Amendements abzulehnen und mit dieser Modifikation die Regierungsvorlage annehmen zu wollen.

Berathung des Reichshaushaltsetats für 1877/78. Kosten für die neu anzustellenden 122 Hauptleute, die von der Kommission beantragt und angenommen werden.

(Sitzung vom 24. April 1877.)

Meine Herren, die in Rede stehende Maßregel wird zum Theil beanstandet; wohl nicht, weil man die Maßregel an sich nicht für eine zweckmäßige und gute ansieht, sondern weil sie allerdings eine neue Steigerung des Militärbudgets in sich schließt.

Es ist uns schon bei der ersten Berathung und auch eben jetzt wieder gesagt worden, daß es prinzipiell unzulässig sei, Offizierstellen im Frieden zu bewilligen für Offiziere, welche erst im Kriege nothwendig werden. Darauf, meine Herren, ist nun doch einfach zu erwidern, daß alle Offizierstellen im Frieden bestehen, weil die Offiziere im Kriege nothwendig sind.

Von jener Seite des Hauses (nach links) sind wir hingewiesen worden auf den sehr viel schwächeren Friedensetat der französischen Bataillone; aber man hat es unterlassen, zugleich hinzuweisen auf die sehr viel größere Zahl dieser schwachen Bataillone. Meine Herren, die Summe dieser Bataillone mit den zugehörigen anderen Waffen beträgt im Frieden 487 000 Mann, während Deutschland bei einer um mehrere Millionen größeren Bevölkerung doch nur wenig über 400 000 Mann unterhält. Schwache Bataillone sind an sich militärisch durchaus nichts wünschenswerthes. Ich glaube, daß nirgends mehr als in Frankreich selbst die einsichtigeren Militärs Bedenken tragen, ob mit Kompagnien von 50, von 40 Mann neben dem unvermeidlichen Garnisondienst auch noch eine gründliche Ausbildung der Truppen in allen Dienstfächern möglich sei. Aber freilich, wenn man mit 1092 Bataillonen ins Feld rücken will und davon 641 im Frieden unterhält, so kann man sie nicht sehr stark machen, wenn die Kosten nicht ins Unerschwingliche übergehen sollen.

Meine Herren, das französische Militärbudget übersteigt mit seinen schwachen Bataillonen das deutsche mit starken um mehr als 150 Millionen jährlich im Ordinarium, abgesehen von bedeutenden Nachforderungen und einem exorbitanten Extraordinarium.

Ob eine Nation, selbst eine so reiche, wie die französische, eine solche Last für alle Zukunft auf sich nehmen will, oder ob es nur geschieht für einen bestimmt vorgesehenen Zweck und bis zu einem vielleicht nicht zu fern gesteckten Ziel, das mag dahingestellt bleiben.

Es ist uns dann noch bei der ersten Berathung gesagt worden, daß eine absolute Regierung unter den bestehenden politischen Verhältnissen wahrscheinlich die Armee eher reduziren als vermehren würde. Meine Herren, ich theile die Hoffnung und den Wunsch des Herrn Redners nach dauerndem Frieden, aber die Zuversicht theile ich nicht. Glücklich die Zeiten, wo die Staaten nicht mehr in der Lage sein werden, den größten Theil aller ihrer Einnahmen zu verwenden bloß auf die Sicherheit ihrer Existenz, wo die Regierungen nicht nur, sondern auch die Völker und die Parteien sich überzeugt haben werden, daß selbst ein glücklicher Feldzug mehr kostet, als er einbringt, denn materielle Güter mit Menschenleben zu erkaufen kann kein Gewinn sein.

Aber, meine Herren, was diesem Fortschritt der ganzen Menschheit entgegensteht, das ist das gegenseitige Mißtrauen, und in diesem Mißtrauen liegt eine stete und große Gefahr.

Ich meine, die Stärke Deutschlands besteht wesentlich in der Homogenität seiner Bewohner. Wir haben ja auch an unseren Grenzen Reichsangehörige, die nicht deutscher Nationalität sind. Das ist ein geschichtliches Ergebniß von hundertjährigen Kämpfen, von Feldzügen und Friedensschlüssen, Siegen und Niederlagen. Denn die Grenzen eines großen Staates lassen sich nicht nach wissenschaftlichen Grundsätzen konstruiren.

Nun, meine Herren, diese nichtdeutschen Reichsangehörigen haben ja neben den deutschen mit gleicher Treue und gleicher Tapferkeit gekämpft; aber daß nicht alle ihre Interessen mit den unsrigen zusammenfallen, davon haben wir ja in diesem Hause mehr hören müssen, als uns irgend lieb sein kann. Wie sollten wir nun so thöricht sein, durch Gebietserweiterungen uns zu schwächen, anstatt uns zu stärken.

Ich meine, die Friedenstendenz von Deutschland liegt so auf offener Hand, ist so in der Nothwendigkeit begründet, daß nachgerade die ganze Welt davon überzeugt sein müßte. Nichtsdestoweniger aber, meine Herren, können wir nicht verkennen, daß namentlich bei unseren westlichen Nachbarn ein starkes Mißtrauen gegen uns vorwaltet. Wenn Sie die französischen Blätter lesen, selbst die tonangebenden, so finden Sie doch darin, gelinde ausgesprochen, eine große Abneigung gegen uns. Ich will

nicht von Hohn, Spott und Geringschätzung sprechen, die sich
darin kundgeben, denn dafür giebt es keinen vernünftigen Grund,
das ist auch nur angeblich.

Was aber die französische Presse nicht ausspricht und was
die Wahrheit ist, das ist die Besorgniß, daß, nachdem Frank=
reich so oft und so wiederholt über das schwache Deutschland
hergefallen ist, nunmehr das starke Deutschland auch einmal
ohne Grund und Anlaß über Frankreich herfallen werde.

Daraus, meine Herren, erklären sich viele Thatsachen, dar=
aus erklärt sich die Riesenarbeit, die Frankreich ausgeführt hat,
indem es in einer kurzen Reihe von Jahren mit großer Sach=
kenntniß und seltener Energie seine Armee=Organisation durch=
geführt hat; daraus erklärt sich, daß seit dem letzten Friedens=
schluß und bis auf heute ein unverhältnißmäßig großer Theil
der französischen Armee in Paris und von dort bis unmittelbar
an unserer Grenze steht, namentlich Kavallerie und Artillerie,
in einem für alle Eventualitäten möglichst vorbereiteten Stande,
ein Verhältniß, was nach meiner Auffassung früher oder später
nothwendig einmal eine Ausgleichsmaßregel von unserer Seite
herbeiführen muß.

Es ist dann doch auch ein beachtenswerther Umstand, daß
in Frankreich, wo die Parteien, die sich ja in jedem Lande
finden, doch wohl noch schroffer einander gegenüber stehen als
bei uns, daß, sage ich, alle diese Parteien vollkommen einig sind
in einem Punkt, einig darin, alles zu bewilligen, was für die
Armee gefordert wird, während wir hier mühsam um kleine
Etatspositionen ringen. Meine Herren, in Frankreich ist die
Armee der Liebling der Nation, ihr Stolz und ihre Hoffnung,
man hat in Frankreich der Armee ihre Niederlagen längst ver=
ziehen; ich will nicht sagen, daß man bei uns die Siege der
Armee vergessen hat, aber wenn man von ihr doch bei der
nächsten Veranlassung dieselbe Leistung noch einmal fordern

wird, so sollte man nicht zu kärglich sein in Bewilligung derjenigen Mittel, die ihr nöthig sind, um sich fortzuentwickeln.

Es scheint, daß unsere Nachbarn bei einem künftigen Krieg den Erfolg in den Massen sehen, in einer überwältigenden Zahl, und das ist gewiß ein Moment, welches schwer ins Gewicht fällt. Wir verlassen uns mehr auf eine sorgfältige Ausbildung unserer Truppen und auf ihre innere Tüchtigkeit. Die Franzosen sind uns ganz entschieden darin überlegen, daß sie für alle ihre zahlreichen Formationen für den Krieg bereits im Frieden die Kadres besitzen. Es wird Ihnen nun hier eine Maßregel vorgeschlagen, die freilich nur im geringen Grade den Mangel bei uns bessern soll. Man hat uns ja gesagt, daß durch die Schaffung von den dreizehnten Hauptleuten die Zahl der Offiziere überhaupt gar nicht vermehrt wird. Das ist vollkommen richtig; allein, meine Herren, es bringt eine Anzahl Offiziere früher in diejenige Stellung, welche sie im Krieg ausfüllen sollen. Es ist doch ganz natürlich, daß jemand, der plötzlich unter den allerschwierigsten Verhältnissen, vielleicht herausgerissen aus einem ganz anderen Lebensberuf, an die Spitze einer Truppe gestellt wird, daß der im ersten Augenblick mit einiger Befangenheit auftritt, und das, meine Herren, verbreitet sich unausbleiblich von oben durch alle Reihen nach unten. Unsicherheit im Befehlen erzeugt Unzuverlässigkeit im Gehorchen.

Es wird nun durch die dreizehnten Hauptleute möglich sein, ältere Offiziere früher in Stellung zu bringen, wo es nothwendig ist, daß der Betreffende sich in dieselben vorher einleben kann. Meine Herren, Sie brauchen wirklich nicht zu besorgen, daß die dreizehnten Hauptleute spazieren gehen, es giebt vollauf zu thun.

Ich meine, daß namentlich diejenigen Herren, welche an den Kommissionsberathungen theilgenommen haben, sich überzeugt haben werden, daß wir in der That eine sparsame Militärverwaltung haben, die wirklich nur fordert, was dringend wünschenswerth ist.

Ich empfehle Ihnen die Annahme.

Die obige Rede, die an demselben Tage gehalten wurde, an dem das russische Kriegsmanifest erschien, hatte in dem ohnehin durch den eben beginnenden russisch-türkischen Krieg erregten Europa, namentlich in Frankreich, lebhafte Beunruhigungen erzeugt. Der in der nächsten Sitzung von dem Abgeordneten Lasker gegebenen friedlichen Deutung seiner Rede schließt sich Moltke deshalb gern an und bekräftigt dieselbe noch ausdrücklich.

(Sitzung vom 26. April 1877.)

Meine Herren, gestatten Sie mir, da ich persönlich in dieser Debatte genannt bin, nur zwei Worte. Ich danke dem Herrn Abgeordneten Lasker, daß er mich richtig verstanden, und daß er den Sinn meiner Worte besser erklärt hat, als ich es vermocht hätte. Wenn ich gesagt habe, daß ein beträchtlicher Theil der französischen Armee sehr nahe an unseren Grenzen stehe, so hätte ich hinzufügen sollen, daß im Gegensatz dazu unsere Regimenter gleichmäßig über das ganze Reich vertheilt sind.

Sollte daher früher oder später es als nothwendig erachtet werden, unsererseits eine ausgleichende Maßregel zu treffen, so habe ich sie im voraus als eine solche bezeichnen wollen, die durchaus keinen aggressiven Charakter trägt. Ich habe schon im Eingange meiner Rede unsere Politik als eine nothwendig friedliche bezeichnet, welche aber deshalb auf ihre volle Aktionsfreiheit nicht verzichtet.

---

6. Zum Sozialistengesetz.

Erste Berathung des (ersten) Sozialistengesetzes.

(Sitzung vom 24. Mai 1878.)

Meine Herren, ich wünsche aufrichtig, daß die geehrten Mitglieder, die gestern und heute die Regierungsvorlage bekämpft haben, nicht allzubald in die Lage gerathen mögen, eben dieses Gesetz oder ein ähnliches, vielleicht ausgestattet mit noch größeren Beschränkungen, selbst von der Regierung zu verlangen. Es mag ja sein, daß die Vorlage an manchen Punkten einer Verbesserung bedarf, daß manche Paragraphen geändert werden müssen; aber die Ueberzeugung scheint mir doch allgemein Platz gegriffen zu haben, daß wir eines besseren Schutzes bedürfen gegen die Gefahren, welche dem Staat in seinem Innern drohen durch die fortschreitende Organisation der Sozialdemokratie. Ich fürchte, daß die Leiter dieser Organisation schon heute bedenklich nahe an die Grenze gedrängt sind, wo man von ihnen die Erfüllung ihrer Zusagen und Verheißungen fordert.

Diese Herren werden am besten wissen, daß das seine Schwierigkeit haben wird. Sie können sich nicht dagegen verschließen, daß die erste Gütertheilung die hundertste involvirt; daß in dem Augenblick, wo wir alle gleich reich, wir alle gleich arm geworden sind; daß Noth, Elend und Entbehrungen untrennbare Bedingungen des menschlichen Daseins sind; daß keine Form der Regierung, keine Gesetzgebung und überhaupt keine menschliche Einrichtung Elend und Noth jemals aus der Welt schaffen werden. Wohin wäre es auch mit der Entwickelung des Menschengeschlechts gekommen, wenn diese zwingenden Elemente nicht in Gottes Weltordnung enthalten wären! Nein, ohne Sorge und Arbeit wird auch die Zukunft nicht sein; aber ein Mensch, der hungert und friert, fragt nicht viel nach den Konsequenzen der Zukunft; er greift nach den Mitteln, welche die Gegenwart ihm bieten kann. Lange zurückgedrängte Leidenschaften, enttäuschte Hoffnungen werden zu gewaltsamen Ausbrüchen drängen, welche die Leiter am allerwenigsten verhindern können; denn die Revolution hat bisher noch immer ihre Führer zuerst verschlungen.

Wie steht nun die Regierung dem gegenüber? Meine Herren, man sollte doch aufhören, die Regierung immer gewissermaßen als eine feindliche Potenz zu betrachten, die nur möglichst zu beschränken und einzuengen ist. Gewähren wir doch der Regierung die Machtfülle, welche sie braucht, um alle Interessen zu schützen! Was das auf sich hat, wenn die Regierung die Zügel der Herrschaft aus ihren Händen entschlüpfen läßt, wenn die Gewalt an die Massen übergeht, meine Herren, darüber belehrt uns die Geschichte der Kommune in Paris. Da war die Gelegenheit geboten, wo die Demokratie ihre Ideen in die Wirklichkeit überführen konnte, wo sie, wenigstens eine Zeit lang, eine Regierung nach ihren Idealen einrichten konnte. Aber geschaffen, meine Herren, ist doch nichts, wohl aber vieles zerstört. Die aktenmäßigen Berichte aus französischer Feder über diese traurige Episode der französischen Geschichte lassen uns in einen Abgrund der Verworfenheit blicken; sie schildern uns Zustände und Begebenheiten im 19. Jahrhundert, welche man für geradezu unmöglich halten sollte, wenn sie nicht unter unseren Augen verlaufen wären, vor dem staunenden Blick unserer

Okkupationsarmeen, welche den Dingen bald ein Ende gemacht hätten, wenn sie nicht genöthigt gewesen wären, mit „Gewehr beim Fuß" dem Verlauf zuzuschauen.

Meine Herren, solche Dinge beabsichtigen ganz gewiß unsere arbeitenden Klassen nicht, auch nicht der irregeleitete Theil derselben; aber auf dem Weg des Umsturzes werden die besseren Elemente sehr bald überholt durch die schlechteren. Hinter dem gemäßigt Liberalen steht gleich jemand, der viel weiter gehen will, wie er. Das ist überhaupt der Irrthum so vieler gewesen, daß sie glauben ungefährdet nivelliren zu können bis auf ihr Niveau, dann solle die Bewegung stillestehen; als ob ein in voller Fahrt heranbrausender Eisenbahnzug plötzlich Halt machen könnte, — wobei ja auch die den Hals brechen würden, welche darin sind. Meine Herren, hinter dem ehrlichen Revolutionär tauchen dann jene dunklen Existenzen auf, die sogenannten Bassermannschen Gestalten vom Jahre 1848, die professeurs des barricades und die Petroleusen der Kommune vom Jahre 1871.

Meine Herren, Sie können ja heute das Gesetz ablehnen in der begründeten Erwartung, daß die Regierung stark genug sein wird, um gewaltsamen Ausschreitungen entgegenzutreten, sie nöthigenfalls mit gewaffneter Hand niederzuwerfen; aber, meine Herren, das ist ein trauriges Mittel, es beseitigt die Gefahr des Augenblicks, aber es heilt nicht den Schaden, aus welchem die Gefahr hervorgeht. Wenn uns nun hier ein Weg angedeutet wird, auf dem es vielleicht möglich sein wird, die Anwendung solcher beklagenswerthen Mittel zu vermeiden durch vorbeugende Maßregeln, durch eine verständige, vorübergehende Beschränkung der gemißbrauchten Freiheit, so meine ich, daß wir dazu die Hand bieten sollten im Interesse aller staatlichen und gesellschaftlichen Ordnung, im Interesse besonders der leidenden Klassen unserer Mitbürger, denen niemals geholfen werden kann durch einen plötzlichen Umsturz, sondern nur allein auf dem zwar langsamen Wege der Gesetzgebung, der sittlichen Erziehung und der eigenen Arbeit.

Ich meinestheils werde dem Gesetz zustimmen.

Die Rede Moltke's machte einen höchst bedeutenden Eindruck; auch von gegnerischer Seite wurde zugestanden, daß er „goldne Worte" gesprochen, die im Lande überall auf fruchtbaren Boden fallen würden; nur seinem Schlusse, daß man das vorliegende Gesetz annehmen müsse, um ein strengeres zu vermeiden, glaubte man sich damals nicht anschließen zu sollen. Seine Voraussagen trafen nur allzubald ein. Am 2. Juni erfolgte das Attentat Nobilings, am 21. Oktober wurde das neue, wesentlich verschärfte Sozialistengesetz publizirt, an dessen Berathungen Moltke unausgesetzt Theil nahm, ohne indessen noch einmal das Wort zu demselben zu ergreifen.

Druck von E. S. Mittler u. Sohn, Kochstraße 69. 70.